国家自然科学基金项目"服务业服务模块化水平对开放式创新绩效的影响机理研究"（71962024）

服务业

服务模块化水平
对开放式创新绩效的
影响机理研究

余长春　谢黎智 ◎ 著

中国财经出版传媒集团

经济科学出版社

Economic Science Press

图书在版编目（CIP）数据

服务业服务模块化水平对开放式创新绩效的影响机理
研究/余长春，谢黎智著. －－北京：经济科学出版社，2023.8
ISBN 978 - 7 - 5218 - 5055 - 0

Ⅰ.①服…　　Ⅱ.①余…②谢…　　Ⅲ.①服务业－经济发展－研
究－中国　　Ⅳ.①F726.9

中国国家版本馆 CIP 数据核字（2023）第 160295 号

责任编辑：李　雪　袁　溦
责任校对：靳玉环
责任印制：邱　天

服务业服务模块化水平对开放式创新绩效的影响机理研究

余长春　谢黎智　著

经济科学出版社出版、发行　新华书店经销

社址：北京市海淀区阜成路甲 28 号　邮编：100142

总编部电话：010 - 88191217　发行部电话：010 - 88191522

网址：www. esp. com. cn

电子邮箱：esp@ esp. com. cn

天猫网店：经济科学出版社旗舰店

网址：http://jjkxcbs. tmall. com

北京时捷印刷有限公司印装

710 × 1000　16 开　16 印张　214000 字

2023 年 8 月第 1 版　2023 年 8 月第 1 次印刷

ISBN 978 - 7 - 5218 - 5055 - 0　定价：80.00 元

（图书出现印装问题，本社负责调换。电话：010 - 88191545）

（版权所有　侵权必究　打击盗版　举报热线：010 - 88191661

QQ：2242791300　营销中心电话：010 - 88191537

电子邮箱：dbts@ esp. com. cn）

序　言

　　当下，管理学领域的模块化理论内核面临一些挑战，其中最大的挑战来自服务业（沃斯和希安，2009），服务业定制化需求程度远远超过制造业，如何控制备选模块规模成为一个重要问题；此外，由于提供服务往往依靠有形资源和设备，如何保证其他企业不能模仿服务模块，以及如何保证企业其他员工能够顺利提供同样的服务模块都成为挑战（魏江等，2011）。服务模块化思想和方法，必将在更多的产业领域对企业生产、服务及组织层面产生深远的影响（青木昌彦和安藤晴彦，2003）。作为一种新型的组织形式，服务模块化打破了传统的一体化组织边界，提高了组织的渗透性和灵活性，能够充分发挥对专业化分工"分"和合作"聚"的作用，从而实现技术、知识和制度等生产要素收益的递增，促进服务产业提高创新绩效。企业竞争模式和产业组织结构经历着持续变革和创新，服务模块化作为产业服务性分工演进的高级形态，其本质是为了更有利于创新绩效的提升。实质上，服务模块化水平是指通过模块化的方式使产业或企业的服务性活动实现开放的程度，其高低决定着嵌入创新网络的水平。并且，服务模块化水平决定了服务系统分化与集成的边界，决定了企业进入外部网络系统的广度与深度，决定了企业接近市场与利用知识、技术等资源的难易，进而决定了创新绩效的高低。但是，服务模块化与创新绩效之间并非正比关系，并非服务模块化水平（程度）越高其创新绩效就越好。研究服务模块化水平对创新绩效的影响机理，成为丰富模块化理论的重要支点。

20 世纪 80 年代，企业的创新模式通常为"封闭式创新"。封闭式创新的实质是封闭的资金供给与有限研发力量的结合，其目的是保证技术保密、独享和垄断，其直接结果是大企业的中央研究机构垄断了行业的大部分创新活动。合作研发是开放式创新产生的重要理论背景。在合作研发兴起之前，企业的研发模式大多遵循单打独斗的模式，随着科技的进步和研究分工的日益精细化，这种创新模式悄然过时，取而代之的是不同主体一起工作，将新的创意成功地进行商业开发（Freeman & Soete，1997；Tidd et al.，2000；Hagedoom，2002）。在知识经济时代，企业仅仅依靠内部的资源进行高成本的创新活动，已经难以适应快速发展的市场需求以及日益激烈的企业竞争。在这种背景下，"开放式创新"正在逐渐成为企业创新的主导模式。开放式创新作为适应多变环境的必要组织变革（Chesbrough，2003），研发风险增大、产品生命周期缩短、经济全球化、市场制度（如知识产权保护、风险投资）等因素推动了其产生和实践应用（Dahlander & Gann，2014）。起初，开放式创新主要集中在开源软件（OSS）的开发上，后来转变为更加普遍的开放式创新实践。迄今为止，关于开放式创新的相关学术研究主要立足于西方国家的企业及产业情境，关于中国企业或产业开放式创新的研究仍处于积累阶段，存在着大量的理论与实证研究机会（Vanhaverbeke et al.，2014；葛秋萍，2011；闫春，2014）。正如克拉伯克和哈格多恩（Kranenburg & Hagedoorn，2008）所指出的，随着产品研发技术的日益复杂和跨学科性的加强，不同类型的大、小企业都无法再像过去一样仅仅通过内部研发来实现自身的发展，企业实施开放式创新，不仅是为了获取创新所需的各种资源和知识，更主要的是想通过更好地嵌入所处网络中以获取新的技术和能力。正是认识到了这一点，切斯布洛（Chesbrough）于 2010 年提出开放式服务创新，研究开放式创新在服务业的适用性。创新已经成为服务业提升竞争力、应对顾客定制化需求的关键途径，在理论上，运用模块化方法展开服务创新，已经成为重要研究方向（陶颜，2011）。因此，研究服务产业中的开放式创新绩效问题具有重要的理论价值。

在当今世界经济构成中，服务业对国民收入的贡献率已占 60% 以上，美国、加拿大的服务业分别占各自国民收入的 75% 和 70% 以上，同时对大多数国家而言，服务业已成为经济发展的主要动力（Raub & Liao，2012；刘清峰和晁钢令，2010）。2017 年，我国服务业增加值为 427032 亿元，占 GDP 的比重为 51.6%，超过第二产业 11.1 个百分点，成为我国第一大产业。服务业增加值比上年增长 8.0%，高于全国 GDP 增长的 1.1 个百分点，连续 5 年增速高于第二产业。服务业对经济增长的贡献率为 58.8%，比上年提高了 1.3 个百分点，成为推动我国经济增长的主动力[①]。同时，服务业作为税收增长的主要来源、吸引投资的主要领域、新增企业的主力军和吸纳就业的主渠道，成为国民经济发展的"稳定器"和"助推器"。预计到 2025 年，国家将在优化结构、提高质量、提升效率的基础上，实现服务业增加值"十年倍增"，占 GDP 比重提高到 60%。

在实践界，很多中国企业都在一定程度上进行着开放式创新实践，大多数企业却对开放式创新还缺乏系统认识，对开放式创新与不同水平创新绩效之间关系的认识仍不清晰。在国家实施创新驱动战略背景下，服务业如何走创新发展之路值得思索。虽然开放式创新的现实运用主要集中在制造业，特别是高新技术产业，但是对于服务产业，如何走开放式创新之路同样值得实践探索。一方面，现实中，服务模块化被逐渐应用和推广到以"互联网 +"为标志的服务业、金融保险和文化服务等产业。与此同时，当前我国服务业快速发展，信息传输、软件和信息技术服务业，租赁和商务服务业等现代服务业对经济增长的引领作用不断增强，服务业一些行业已迈入世界前列，移动支付、共享经济、大数据运用已走在世界前列，以"互联网 +"为标志的服务业新经济高速成长，战略性新兴服务业、高技术服务业、科技服务业等新兴服务业发展势头强劲，旅游、文化、体育、健康、养老服务业稳定健康发展。另一方面，现代服务业与先进制造业呈融合发展的趋势，具体包括的三种形态。其一是结合型融合，即指在制造业产品生产过程中，中间投入品中服务投入所占的比例越来越大；同时，

---

① 资料来源：中国国家统计局。

在服务业最终产品的提供过程中，中间投入品中制造业产品投入所占比重也是越来越大。发展迅猛的生产性服务业，正是服务业与制造业"结合型"融合的产物。其二是绑定型融合，即指越来越多的制造业实体产品必须与相应的服务产品绑定在一起使用，才能使消费者获得完整的功能体验。在绑定型融合过程中，服务正在引导制造业部门的技术变革和产品创新。其三是延伸型融合，即指以体育文化产业、娱乐产业为代表的服务业引致周边衍生产品的生产需求，从而带动相关制造产业的共同发展。在此形势下，从模块化水平角度探究服务业开放式创新问题，对于提高服务业以及与之相融合的制造业的创新绩效具有现实必要性与紧迫性。

国内外相关研究主要从资源观、产品模块化、交易成本、流程模块化和服务模块化水平五大视角对服务模块化作用于创新绩效的效应及机理进行分析。然而，这些研究仅仅立足于个别视角进行分析，显得比较零散，未能形成服务模块化水平对开放式创新绩效影响机理的系统研究框架，同时，有些关键问题也未得到印证，例如，服务模块化水平作用于创新绩效的机制怎样、路径是什么等问题并未得到解答。并且，服务模块化作用于创新绩效，是否仅仅局限于资源观、产品模块化、交易成本和流程模块化这四个维度，有待于进一步思索求证。此外，诚如学者希普（Hipp, 2007）和巴梅（Barney, 1991）所言，服务模块化是一把"双刃剑"，其对创新绩效的影响与服务模块化水平（或程度）并不一定呈正比例之线性关系。因而，拓展研究视角，更加深入地分析服务模块化水平对开放式创新绩效的影响机理及作用路径，是亟待解决的重要课题。因而，如何立足于服务产业来系统地衡量服务模块化水平？服务模块化水平怎样对创新产生影响？是服务模块水平越高创新绩效越高？或者结论相反？或者水平在一定的范围之内创新绩效更优？诸如此类的问题均需要进行进一步研究。基于此，本书根植于服务产业，把服务管理学和产业组织学等相关学科融合起来，系统探索服务模块化水平对开放式创新绩效的影响机理，使服务模块化水平理论和开放式创新理论更加细化、深入，以便从政府宏观和产业中观两个层面对服务产业服务模块化水平进行优化设计，实现服务产业开放式创新绩效的提升。

本著作由余长春担任第一主笔，统一负责提出并拟定编写大纲，重点负责理论分析和案例分析；谢黎智担任第二主笔，重点负责实证分析和典型模式分析。此外，硕士生索楠楠和徐书凝承担了素材搜索、数据分析及文献梳理工作，在此表示诚挚的谢意。

作者

2023 年 7 月

目　　录

第一章

服务模块化水平的理论演化

1.1 模块化及其对服务业的影响

1.1.1 模块化

模块化作为一种新的理论和方法，不仅成为很多行业、企业适应市场需求变化的生产方式，也越来越成为一些企业适应市场需求变化的组织创新模式，从而引起组织模式改变和产业结构变革。模块化是一个半自律性的子系统，通过和其他子系统按照一定的规则相互联系而构成更加复杂的系统或过程（青木昌彦等，2003）。模块化包括系统的分解与集成，是一个追求创新效率与节约交易费用的分工形式，它可以使复杂的系统问题简单化、耗时的工期高效化、集中的决策分散化。在模块化过程中系统有机会在不损失功能性的同时来混合、匹配其部件（Baldwin & Clark，1997）。模块化系统展示了"把若干个独立设计的子系统整合起来构建一个复杂的产品或过程，使他们成为一个整体的特色和优势"（Miozzo & Grimshaw，2005）。模块化是各个高度自律性的分布，就相当于一个个"内部市场"，在不违反界面联系规则的前提下可以自主创新，而不再是传统意义上完全依附于总部的科层单位（李海舰等，2004）。模块化是一种新型价值实现过程，主要通过两种方式实现：一是按照系统的界面规则将复杂系统分解为若干结构和功能独立的模块单元，实现价值模块功能的集成性和独立性；二是将各独立的模块单元按照新的系统界面规则进行重组以适应新的价值需求。

就产业模块化而言，它是生产模块化和组织模块化演进的结果。青木昌彦等（Aoki Masahiko et al.，2003）更是认为，新产业结构的本质就是模块化。随着多个企业层面生产模块化和组织模块化的进行，一个企业的某些模块产品或模块组织兼容、嵌入其他企业的产品或组织中，使得该产业价值链开始不断变厚，从而引发原来相关的全部企业进行跨产业的重构，并推动产业结构在全球范围内调整、转移和升级，使跨国公司全球战略得以实施，也使产业集群更为盛行。例如，因互联网技术（IT）产业集群而著名的美国硅谷就被青木昌彦称为"模块的集约地"。产业模块化是拉动力（需求的多样性）、推动力（公司能力的差异性、技术选择的多样性、投入品的多样性）和催化力（技术标准获得性、技术变化的速度、竞争强度）三力联合推动的产物（Schilling & Steensma，2001）。产业模块化就是将产业链中的每个工序分别按一定的"块"进行调整和分割，它以功能标准化为本质特征，它不仅保持了产业标准化的优势，也有效地克服了其内在劣势（胡晓鹏，2005）。说到底，产业模块化不仅是对产业标准化的升级，也是对产业标准化的整合。产业模块化分为三个相互依存的层次：产品体系或产品设计的模块化，制造、生产的模块化，组织形式或功能的模块化；产业模块化可以实现产业内的系统整合，价值链各环节均可实现价值增值（徐宏玲，2006）。

1.1.2 模块化对服务的影响

服务的个性化、服务产品种类的多样化，服务产品生命周期的不缩短和竞争的日益加剧，迫切要求形成标准服务模块来实现个性化、多样化及效率和成本之间的平衡。服务模块能顺利实现服务模块在全球范围内的拆分与整合，促使区域经济体迅速融入全球价值链，促进服务外包、服务业对外直接投资及服务功能集聚区的建立与形成。模块化对服务的影响具体表现在以下两个方面。

1. 模块化使服务价值向效率高端转移

这表现在两个方面：一是价值流向标准服务制造商。信息革命使消费者的需求日益复杂化，这一趋势加速了市场转型。这时，市场行为方式与以前会有所不同。一方面，产品的网络外部性会产生"锁定"效应，这会导致众多模块服务制造商和系统集成商采用统一标准的模块化构件；另一方面，"快鱼吃慢鱼"的规则和市场知识产权保护的加强也导致了赢者通吃的局面。所以，如今的市场往往是唯一的标准制定者占支配地位。英特尔（Intel）公司是具有垄断结构的标准制造商最好的例子。二是价值流向服务模块系统集成商。随着技术的发展，当产品性能已经能满足大多数顾客的需求后，企业纷纷把竞争重点放在了产品的个性化定制与创造体验价值上，垂直整合不但没有优势，反而成了劣势。这时，模块化整合就可以发挥自己的优势。服务模块设计者与系统集成商以共享的、统一的界面为标准，通过自己的社会资本、知识与信息优势组建扁平状的虚拟组织，以较低成本在全球整合资源。根据"能力聚集效应"（capacity pooling effect）理论，有竞争优势的模块系统集成商能与优质的模块供应商结合起来，把自己的创意转化为产品；而模块供应者也会选择有品牌优势的模块系统集成商进行合作。于是，在品牌竞争中获胜的模块系统集成商就可以形成较高的产业组织利润。

2. 模块化带来了服务创新路径的改变

在产业服务模块化体系中，产业整体的服务创新能力、创新速度和创新活力都比较高。具体来讲，这种服务创新力将表现出产品创新力和产业组织的创新力两种路径。从产品创新力上讲，在功能标准主导的服务模块化产业体系里，新产品是由许多的通用模块和少量的专用模块组成，新产品的创新转化为少量新（专用）模块的创新过程。因此，按照产业服务模块化原理进行的新产品设计，不仅会大幅度降低设计的经济成本，也会快速地提高产品创新的能力。从产业组织上讲，功能标准使产业组织形成了按模块化层次划分的功能性专业化结构，该结构不仅具有显著的立体网络型组织结构的特征，而且具有开放式的特征。在模块化市场方式中，模块系统都是"即插即用"的模块，产业升级只需更换系统的某个模块，每个模块又是独立设计、生产的，某一模块的实验不会对产业产生系统性风险。此外，在"背对背"竞争机制的驱动下，服务模块之间的竞争又非常激烈，产业组织服务体系呈现出强烈的模块化创新效应。因此，服务模块创新速度非常快，产品开发周期短。总之，从技术标准到功能标准的转换，其实也是产业服务创新路径的转换。

1.2 服务模块化

1.2.1 服务及其要素

1. 服务

对服务的研究，最早可以追溯到著名经济学家亚当·斯密（Adam Smith），随后马克思（Marx）、西尔（Hill）等众多学者开展了积极的研究。例如，1960 年美国市场营销学会提出，服务是伴随货物销售一并提供给顾客的利益、满足及其他活动（左文明等，2010）。然而，并不是所有的服务都必须伴随货物的销售。菲茨西蒙斯（Fitzsimmons）根据克罗罗丝（Gronroos，1990）等学者的观点，认为服务是一种顾客作为共同生产者的、随时间消逝的、无形的经历（Fitzsimmons & Fitzsimmons，2006）。

服务并不是完全脱离有形的物品，服务流程中消费者依旧能够接触到许多有形实体，它们对消费者的服务体验、参与积极性、服务质量的评价等都具有重要的影响。对这些有形实体的分析最早出现于服务蓝图法的研究中，且是服务蓝图中的重要组成（Shostack，1982，1984，1987，1992）。朔斯塔克（Shostack，1982）指出，服务过程中往往存在着一些不能定义为产品的物理实体，这些对象或被称作证据，在验证一个服务是否存在或完成方面起到十分重要的作用。这与购买商品的过程不同，商品的证据就是其本身。而服务的组织可分为两部分：一部分是直接与客户接触的因素；另一部分则不是。亦即对客户而言，分为可见和不可见的部分（Melián‐Alzola & Padrón‐Robaina，2006）。对于整个服务流程来说，这些有形实体虽然不是服务的核心部分，但是，它们的存在往往会影响到顾客对服务的体验和看法，众多学者将其称为"证据"。如柏林和本达普迪（Berry & Bendapudi，2003）认为，医院应该改善现有的服务证据，包括建筑物的外观、医疗人员的衣着、科室的装修、设备的摆放和外观等，从而减少病人紧张的情绪；楼（Lo，2011）认为，酒店通过提升装饰等手段能影响顾客对服务的第一印象，从而增强顾客体验。

虽然学术界对服务的概念缺乏统一的定义，但是可以肯定，服务是用作销售，或因为配合销售而提供的活动、利益或满意（Buell，1984）。服务是一种商品，但与其他商品的区别在于它的无形性、不可存储性以及与顾客的互动性。服务通常是由一种活动或多种活动所组成的一种流程，在其生产过程中需要顾客的参与，服务具有一定的使用价值和交换价值。需要指出，服务与服务业是不同层次的两个概念，两者之间既有关联又有区别：首先，服务是一种生产活动，而服务业是一种行业；其次，服务业是以服务为主要生产内容的行业，但是服务本身可以存在在任何行业中；最后，服务模块化所论述的服务，并不专指服务业，但是包括了服务业。

在产业界，服务是一种服务供应商的生产活动，即服务供应者直接或间接地以某种形态，提供顾客所需要的东西，它具有顾客导向性特征。需要明确的是，服务与服务业是有差别的，服务存在于任何一个行业中，而服务业单指某一种行业，因此从这种角度来讲，服务包括服务业，而又不限于服务业的任何一种价值的活动。

对服务可以有多种分类方法或角度，有一种常见分类是把服务分为生产者服务、消费者服务、分销服务与政府服务。由于政府服务不具有市场交易性，也就不需要取得价值身份。典型的生产者服务如产品设计，其服务对象是实物产品，这种服务劳动所生产的使用价值是提升它所服务的实物产品的使用价值的，其价值是追加到实物产品的价值上去的。这类服务也被称为"追加服务"。这样的服务有三个特点：一是直接购买者为厂商；二是最终消费者购买的核心对象是实物商品，并非服务，但这些商品中包含了服务在它上面的实物性凝结；三是它改变了消费者所购物的状态，而不是消费者自身的状态。这类服务的使用价值性质及其价值在实物商品上的追加目前是没有认识分歧的。消费者服务是满足人的多种生活消费需要的服务。它可分为满足人们精神需要和物质需要两种服务。前者如教育服务、艺术服务、体育服务、娱乐服务等，后者如医疗服务、客运服务、个人生活服务等。法律服务、咨询服务等既可能满足消费者精神需要，也可能满足消费者物质需要。不管是哪一种，它们都是消费者花钱购买的核心对象，也被称为"核心服务"。这样的服务也有三个特点：一是直接购买者为最终消费者；二是消费者购买的核心对象是服务本身，与物无关，而消费者之所以购买这些服务，是因为它们可为他们提供某种效用，即服务产品给他们带来的不仅是实际的而且是独立存在的使用价值；三是它改变了消费者的精神或人生的状况。消费者要获取这样的使用价值，就必须支付其价值。这类服务的独立存在的使用价值性质直接承担了服务劳动的价值。它不需要经过对实物商品的价值追加而迂回体现。尽管如我们上面讨论，非实物形态的产品是否具有价值存在认识分歧，但人们对核心服务具有独立使用价值是没有认识分歧的。所以，只要承认服务劳动可以创造价值，就不会对消费者服务具有价值产生分歧。分销服务是消费者为获取实物商品而连带购买的服务。它有着比较复杂的特点：第一，它是提供给消费者的（我们在此只讨论零售商业服务），因此似同于消费者服务，但与作为消费者服务的核心服务又不一样，它与物不是完全脱离的。消费者不像购买艺术、旅游等服务产品那样直接而且仅仅购买服务，消费者购买商业服务的同时一定购买了实物商品，消费者是为了购买实物商品而购买商业服务的，而不是相反。第二，它跟着物一起被购买，似同于生产者服务，但与作为生产者服务的追加服务又不一样，它不改变物的状况，不提升物的使用价值（我们抽象掉了生产性流通服务，只讨论纯粹流通服务）。那么，这种服务要使其使用价值承担其劳动价值的载体何在呢？我们在上面说过，一种服务产品确实只有给购买者带来能体验的或实际的有时甚至是独立的使用价值，才能被认为它成为价值的载体或承担者。纯粹商业服务具有这样的使用价值吗？回答是肯定的，这就是它给了消费者以便利。便利是效用，是使用价值。消费者明知生产厂家生产该商品，而且可对外零售，但大多数情况下还是选择从商家购买，他们需要的是一种效用，即便利。便利里面包含着体力的节省，时间的节省，甚至金钱的节省。若无商业服务，消费者可能得不到商品信息，可能要到很不方便的遥远的生产厂家购买，等等。消费者为了获取方便，才在商品本身的价格上另外支付商业服务的价格而从商业企业购买商品，尽管这个商品本身的效用与在厂家购买一样。如果说便利是效用不成问题，那么为什么我们又不直接把商业服务看作核心服务呢？原因是：毕竟它不能完全脱离物而存在，而被消费。其实，只要我们在方法论上将纯粹商业服务与购买时同时被购买的实物商品作分离，纯粹商业服务还是核心服务，核心服务当然承载价值。

服务模块化中的服务的定位是服务元素，而不仅仅是服务业，这意味着无论是制造业还是服务业，只要产业结构中存在服务的元素，都属于服务模块化的范畴。

2. 服务要素

（1）服务场景。

比特纳（Bitner，1992）在对服务环境的研究中，用"服务场景"来指代服务场所经过精心设计和控制的各种物理环境要素，"服务场景"一词也逐渐成为服务环境研究的通用术语。

服务场景涉及三个发展阶段的相关问题。第一阶段是服务场景中的物理要素问题，从认知心理学和环境心理学角度看，涉及服务场景中某些单个环境变量的作用或若干环境变量之间的交互作用。服务场景中的物理要素，如音乐、照明、温度、气味、噪声、颜色、布局、设计等，对消费者的情绪、认知、服务体验、满意感等心理利益、行为意向和实际行为有显著影响。这些物理要素的某些自然属性或物理特征与顾客的情绪和认知存在紧密而复杂的联系。这些关键的属性或特征包括：音乐的音量、音调、节奏和风格（Turley & Milliman，2000；Tombs & McColl - Kennedy，2003 & 2004；Oakes & North，2008）；灯光的强度（Turley & Milliman，2000；Venkatraman & Nelson，2008）；气味的类型及浓度与产品或环境的协调程度（Chebat & Michon，2003；Christoph & Charles，2012）；颜色的色调（暖色和冷色）、亮度和饱和度（Turley & Milliman，2000；Christoph & Charles，2012）；温度的高低（Turley & Milliman，2000；Christoph & Charles，2012）；店内物品的摆放、空间布置、内部装饰和陈设等（Turley & Milliman，2000；Tombs & McColl - Kennedy，2004）。此外，物理要素应该与目标顾客的偏好相匹配，同时不同物理要素又应该相互协调，共同营造和谐的服务氛围。莫里森等（Morrison et al.，2010）发现，商店中的背景音乐和芳香气味是否匹配显著影响顾客在商店内停留的时间和满意度；克莱门斯等（Clemens et al.，

2012）指出，音乐风格和音乐节奏之间的协调搭配能够提高顾客对商店的评价，促进顾客的口碑推荐。第二阶段是服务场景的整体作用问题。从心理学角度看，对服务场景的认知是在综合各类要素认知的基础上形成的总体印象。比特纳和贝克等（Bitner & Baker et al.，2020）以完形心理学理论为依据，指出人们对服务场景的认知并不是若干单个场景要素认知的简单组合，而是基于对各类要素认知的综合形成的对服务场景的总体印象。后来，学者们将各类服务场景要素看成一个整体，以不同的服务业态为背景，研究它们对顾客的情绪、认知、意愿和行为等所产生的主效应和交互效应。一方面，服务场景的各个维度会对顾客的情绪产生显著影响；另一方面，服务场景也会影响顾客对服务的认知和评价。这揭示了顾客在服务消费中从认知（感知服务质量）到情绪（情绪反应）再到更高层次认知（感知服务价值）的渐进心理过程，提供了对服务场景与顾客行为意向之间关系更为全面的理解。此外，服务场景对顾客 – 服务人员之间互动产生影响。福勒和布里奇斯（Fowler & Bridges，2012）指出，良好的服务场景有助于顾客主动向服务人员寻求帮助以及与其交流互动，同时有利于服务人员在工作中保持正面情绪，积极回应顾客。良好的服务场景也是顾客和服务人员之间形成和保持商业友谊的必要条件之一。第三阶段是服务场景中的社会要素问题，从社会心理学（尤其是社会认知）角度看，顾客光顾服务场所不仅为了满足功能性消费需求，也为了满足社会和心理需求，如获得自我认同、自尊、归属感、社会交往、社会认同、社会支持等。很多学者开始将社会要素作为服务场景的重要元素加以研究（Hassanein & Head，2005 & 2007；Hu，2005 & 2007；Rosenbaum & Montoya，2007；Rosenbaum & Ward，2007）。在早期针对服务场景社会要素的研究中，研究者主要关注服务场所拥挤度和服务人员数量的影响。贝克等（Baker et al.，1994）指出，过度拥挤和服务人员不足会影响顾客对商店的感知印象。图姆斯和麦考尔·肯尼迪（Tombs & McColl – Kennedy，2004）进一步突出了服务场景中社会要素的重要性，构建了社会化服务场景模型。他们以服务场所的人员密度、其他顾客外显情绪和购买情景为前因变量，进行了一系列探索性研究，证实服务场景中其他顾客的外显情绪会对顾客情绪和购买意愿产生影响。目前对服务场景中社会要素的研究主要集中在服务人员和其他顾客两个方面。

（2）服务系统。

服务系统是服务模块化的重要基础。如何加快服务系统间的资源交换频度，降低服务系统价值匹配的成本，建立有效的信息交流平台和机制，设计服务系统价值创造的最优路径等微观问题将丰富服务模块化理论。

斯波尔等（Sopohrer et al.，2018）将服务系统定义为由人、技术、连接内外部系统的价值主张和共享信息构成的价值共同创造结构。个体是最小的服务系统，全球经济构成了最大的服务系统，城市、企业、政府、非政府组织、公益团体等都是服务系统的类型。服务科学是对服务系统的研究，人、技术、组织和信息对构成服务系统尤为重要，它们包含了权利资源（人和组织）、所有权资源（技术和信息）、实体资源（人和技术）和社会资源（组织和信息）。服务科学的多学科特征与理解服务系统的需要是相关的。马格里奥等（Maglio et al.，2016）认为一个服务系统是一种资源配置，所以它也是一种资源本身，服务系统单元和其他资源可以结合起来形成复合服务系统。他认为服务系统具有开放性特征：一方面能够通过分享和利用自己的资源改善另一服务系统的状态；另一方面能够获取外部资源改善系统本身的状态。服务系统是动态复杂适应性系统，随着时间的推移不断地组建、重组和解散，在开放的服务系统中，对象性资源不断变化，但操作性资源却持续稳定。丘（Qiu，2019）认为有竞争力的服务系统必须对环境有高度的适应性和持久性，服务系统应该通过以下五个方面予以更好的界定和发展：一是服务需求；二是服务环境设定（包含服务消费者、服务供应商和人的界面的环境设定）；三是适应和持续的服务过程；四是大量的信息基础和设施；五是有效的管理与高效组织。蔡等（Cai et al.，2016）指出，在服务系统中存在信息流、资金流、物流和知识流，其中信息流和知识流在服务系统中更为重要，服务创新往往是伴随着知识流的传递而产生的。他们从控制论和系统工程角度构建了包含服务供应商、服务员工、服务过程和服务信息等基本部分的服务系统框架，指出服务系统有自己的组成部分，但对外界必须是完整的系统，并且是可以测量的。

服务系统的运行主要包含了服务系统的能力交换、服务系统的价值创造和服务系统的相互作用三个方面内容。第一，服务系统的价值创造。服务系统是资源的动态配置，它可以通过有效地利用其他实体的资源或者与其他服务系统相互配合来共同创造价值。斯波尔（2019）提出服务系统通过价值主张、价值认同和价值评估连接在一起，服务供应商根据其能力（知识、技能等）和竞争优势在市场上提出价值主张，这一价值主张被其他服务系统接受、拒绝或者漠视，若具有相同的价值主张，服务系统间通过直接或间接方式来交换能力创造价值。瓦戈等（Vargo et al.，2017）将服务价值定义为系统自身的改善，认为服务系统的主要功能是利用自身和其他实体的资源促进系统环境的改善，用系统的自适应性和适应环境的能力来测量价值，服务系统创造价值的多少取决于服务系统间交换资源的效率、价值主张的匹配程度和资源交换的频度。他们构建了服务系统的价值共同创造模型，指出服务系统之间通过价值主张来相互作用和交换资源以创造价值，而每个服务系统又分别与公共的、私有的和面向市场的三类服务系统相互作用，且都经历了资源的获取、适应和整合等先后过程。第二，服务系统的相互作用。马格里奥等（2018）将服务系统之间价值共同创造的相互作用称为"服务相互作用"，服务系统通过相互作用来共同创造价值。服务系统主要参与三项活动来构成服务相互作用：向另一服务系统提出价值共同创造（proposal）；接受价值主张（agreement）；实现价值主张（realization）。第三，服务系统的能力交换。服务系统的能力交换是价值创造的基础。马格里奥（2014）提出服务能力的交换在四个维度进行：信息共享、工作共担、风险共担和产品共享。在具体商业环境中，信息共享主导商业谈判，工作共担主导外包决策，风险共享决定保险决策，产品共享决定出租决策，所有的服务系统在一定程度上包含了上述四个方面，服务系统的价值主张决定了交换维度的选择。

在服务系统的结构方面，作为服务价值创造的载体和单元，服务系统由服务需求开始，以产生服务价值结束，包含顾客、服务供应商和服务传递者三个最主要部分，三个部分的价值主张影响价值创造效率，服务管理贯穿服务系统运行的始终，知识转移和信息传递引致可能的服务创新，服务反馈和服务优化导致新一轮服务价值创造。不同服务系统间持续的相互作用和能力交换是价值创造的基本路径。

（3）服务过程。

服务过程是指与服务生产、交易和消费有关的程序、操作方针、组织机制、人员处置的使用规则、对顾客参与的规定、对顾客的指导、活动的流程等，简而言之，就是服务生产、交易和消费有关的程序、任务、日程、结构、活动和日常工作。

第一，服务过程的分类。

服务过程可以按过程形态、接触程度、复杂程度和差异程度分为三类。按过程形态不同可以分为线性作业、间歇性作业和订单生产。线性作业是指各项作业或活动按一定顺序进行，服务是依循这个顺序而产出的，它适用于较标准化性质且有大量的持续性需求的服务业。自助式餐厅就是这种作业顺序的标准形态，在自助式餐厅顾客依顺序做阶段式的移动，当然，顾客也能维持不动并接受一系列服务。线性作业的各种不同构成要素之间的相互关系，往往使整体作业会受到连接不足的限制，甚至因此造成停顿现象。间歇性作业是指各服务项目独立计算，属于非经常性重复的服务，最有助于项目管理技术的转移及关键途径分析方法的应用。例如，一部大型影片的制作，一个广告宣传活动的设计都属于间歇性作业。这类项目的规模及其间断性与前种方式大不相同，对管理层而言，作业管理是复杂而艰巨的。订单生产过程是运用不同活动组合及顺序提供各种不同的服务。这类服务接受事先预定或者特别设计，以迎合顾客的不同需求，餐馆及专业服务业都属于订单生产过程。虽然这种形态具有弹性优势，但仍然存在时间不易安排、难以估算系统产能、难以用资本密集取代劳动密集等困难。按接触程度不同，可将服务过程分为高接触服务和低接触服务。美国亚利桑那大学教授蔡斯提出，在低接触服务中，因为顾客不直接出现在生产过程中而不会产生直接影响，其生产经营观念和自动化设施均可应用工厂运作模式。而在高度接触服务中，顾客往往成为服务过程中的一种投入，甚至会扰乱过程，生产日程较不容易编制，同时，高接触度服务业的工作人员，对顾客的服务印象有极大影响。将服务系统中的高接触度构成要素和低接触度构成要素予以分开管理将较为有利，同时，可因此激励员工们在各种不同功能中尽量专门化，因为各种功能需要的技能并不相同。无论是依据过程方式还是接触度高低来分类，都可显示服务过程中的作业顺序并予以明确化，也可以将服务系统依其接触度加以分门别类。按照复杂程度和差异程度不同，则可分为以下四类：一是复杂程度和差异程度都较低的服务过程，如超市的服务过程，既不复杂也没多少差异。二是复杂程度较高，差异程度较低的服务过程，如餐厅的服务过程比较复杂，但比较标准化。三是复杂程度较低，差异程度较高的服务过程，如理发店的服务过程，不是很复杂，但差异程度却比较高。不同的理发师之间，不同顾客要求之间，甚至是同一要求不同理发师之间，都存在较大的差异。四是复杂程度和差异程度都较高的服务过程，如外科手术的过程，既较复杂，又随着病人或医生的不同而出现较大差异。

第二，服务过程的影响因素。

服务过程的影响因素包括两大维度。

其一是"接触面"的过程影响因素。服务系统的互动部分反映了顾客与服务组织的接触，而顾客所能体验到的"服务过程"特性也产生于这个重要的"接触面"。对它产生影响的有以下几个因素：一是服务过程中的顾客。服务的生产过程与消费过程的同步性决定了顾客或多或少都要参与服务过程，因此，顾客的服务体验具有即时性、瞬间性、实地性。所以倘若在服务过程中，有哪个环节出了小小的差错，其结果都会使顾客对服务不满意，并无法挽回。二是与顾客接触的员工。接触顾客的员工即服务的一线人员地位很重要，他们需要在关键时刻通过观察、问答及对顾客行为作出反应来识别顾客的愿望和需求。他们还能进一步地追踪服务质量，在发现问题时及时采取对策。三是服务系统和运行资源。包括排队系统、客户服务呼叫中心、资金汇总系统、自动柜员机系统或在线服务系统等。许多种系统和程序都影响服务和执行任务的方式，并且对服务质量有双重影响。顾客必须和这些系统互动，所以它们直接影响顾客对服务质量的感知。例如，当顾客面临要求填写的文件太烦琐复杂时，就会感觉服务质量较差。四是有形资源和设备。它们构成了服务过程中的服务环境组合，包括行情显示器（台式＋挂式）、方便交易的物品、室内布置与装修、音乐等。一切对服务接触有积极感知帮助的氛围和有形因素，共同构成了服务过程的可视部分。顾客、员工、运行系统及资源在此环境中相互作用。这些有形资源和设备对服务质量起着不容忽视的作用，因为顾客可以在此环境中感觉到自己参与服务过程时的难易程度，以及得出服务环境是否友好的结论。例如，银行营业厅里摆放着自助咖啡机、糖果、大沙发以及报纸杂志等，提供给等候服务的顾客，这些有形资源无形中提升了顾客对服务质量的感知。

其二是支持系统的过程影响因素。这部分虽然不被顾客所见，但直接影响互动部分的效率和效果，不能因为顾客看不见而有所忽视，而应该将其纳入服务过程营销的整体设计之中。一是系统支持。这种支持是强调在可视线背后的支持系统，与前面互动部分中的系统和运行资源有所不同。例如，银行如果购置了一套速度很慢的计算机系统，就无法满足及时进行快速决策及日常的现金调拨的要求，数据库也无法为接触顾客的营业员方便快捷地提供服务信息，这就是"可视线"背后的支持系统影响了服务过程质量；但如果是出于柜台风险控制而增加顾客从银行提取现金的手续，则是可视线以内的管理系统影响了服务过程。二是管理支持。这种支持决定着企业的文化，即决定服务组织的共享价值、思考方式和工作群体、团队和部门的工作情况。如果经理和主管没有为团队树立一个好典范，也没有能力鼓励团队关注顾客和培养服务意识，整个服务组织为顾客提供优质服务的兴趣就会减弱，进而损害服务过程。三是物质支持。与顾客接触的员工要正常完成工作，常常要依赖无法被顾客直接看到的各职能部门及其所提供的物质支持。这些提供支持的职能部门的员工必须将与顾客接触的一线员工视为自己的内部顾客，使内部服务质量与提供给最终顾客的服务质量一样出色，否则会使一线员工的工作积极性受到挫伤。这一服务过程阶段出了差错，也将影响顾客感知的服务过程质量。

第三，服务过程的管理。

对服务过程的管理，主要包括服务过程参与的管理、服务系统的组织内冲突管理、排队管理三个方面。

在高接触度服务业，顾客也参与服务递送过程，因此服务过程系统的设计，也必须考虑到顾客的反应和动机。顾客对服务业公司的要求，会影响到服务表现者的行为。要调整对服务系统的管理，可能要先调整顾客的行为，或者将顾客行为从服务系统中完全除去。传统的经济理论确定了提高生产率的三种方式：改善人力质量、投资于更有效率的资本设备、将原来由人力操作的工作予以自动化。但是，提高服务业的生产率，还应该再加上第四种提高生产率的方式，即改变消费者与服务生产者的互动方式。在改变服务系统时，必须采用营销的观点。因为，只要过程管理在传统接受的服务产业部门引起各种变迁，就会直接影响到顾客，但顾客是否接受这些变迁则不可知。此外，顾客的抗拒心理往往也是采取合理方法进行改善的一个阻碍。将服务系统，尤其是高接触度服务业区分为技术核心（technical core）与个人化接触（personal contact service）两个部门，或许可以解决上述的顾客抗拒问题。使用这种方式，大量的工作可以在技术核心内实现（如电脑化银行交易）。但是，顾客仍然和技术核心的作业有接触，因此，对顾客反应保持高度敏感仍然很必要。

即使该处所的作业更具有整体管理（general management）的角色，而在该处所具有高度独立性的作业系统中，各项功能之间的影响与相互依存性往往造成冲突问题。造成这种功能间冲突的原因主要来自以下四点：一是变迁的各种动机不同。不同的功能部门，对于系统变迁各有不同的动机。如作业方面，可能根植于技术上的开发进展，而营销方面，则可能根植于提高市场占有率的可能性。二是成本收益取向不同。作业经理人往往关心提高效率和降低成本，营销经理则追求营业额与收入增加的机会。三是时间取向不同。营销人员往往采取短期导向，关注短期性的情况，而作业人员则着眼于新技术及新作业程序引进的长期导向。四是在既有作业中加入新服务产品的认同不同。自营销观点引进的新服务产品并不一定是相容的，而且不一定与既有的作业系统相适合。如何克服功能间的冲突呢？一般可采取以下几种方式：一是功能间转移（inter function transfers）。用工作轮调方式让员工能在不同功能组织间保持流动。二是任务小组。可成立任务小组，以整合各种不同功能性观点，并解决功能间冲突。三是新任务新员工。为现有员工重新定岗，并从其他单位甚至是企业外引进新人。四是在工作现场培养营销导向。在工作现场负责的经理人可经由以下方式激励其员工增强消费者导向：分散营业收入责任，建立成本基准评估制；对内营销，欲使各种服务产品的创新赢得合作、支持与接受，除了需要对外营销，也需要进行对内营销；以程序手册来控制，如将消费者导向的服务程序以及控制方式，均编制成程序手册，以供遵照使用。组织内冲突通常源于服务作业的性质及其结构，比如，许多地点作业的服务业都采用直线与小组的组织方式。即每一作业地点都有一个经理人负责，每一经理人的激励方式，当然都会考虑到每一作业地点决定权的大小以及总公司的控制程度与影响力。有些服务业需要给分店营运经理以较高程度的授权，以及依赖其自身高度的自发性和机动性。另外，有些从事较为标准化类型的服务业，则可能需要严格奉行总公司制定的程序和标准，并不需要分店经理人拥有太多的自主权。

　　排队管理是服务企业在服务过程的管理中的重要一环，也是服务企业调节服务供求矛盾的重要方法。排队是指等待消费服务的顾客在进入点前排队。当需求超过服务企业的运作能力时就会出现排队。当难以预料顾客要求服务的时间时，当无法预料服务的持续时间时，排队现象就容易出现。排队现象的出现有其客观原因，在企业设计服务过程、调节服务的供需关系时就有必要考虑到了一定量的排队现象。企业为了降低成本，提高企业服务的生产能力的利用率，必须考虑让顾客进行一定时间的等待。同时，受客观条件的影响，如设备等，顾客的等待也是必然出现的。长时间的等待就像劣质产品一样会损害企业的形象，会损害企业与顾客之间的关系。所以对服务企业来说，必须了解需求的高峰出现的时机以及它有可能带来的顾客等待，必须选择适当的运作能力以避免长时间的等待。当顾客必须等待时，要倾尽全力缩短顾客能意识到的等待时间。顾客等待的耐性主要是由两方面决定的：一方面是主观上感受到的时间，另一方面是顾客期望的时间。主观上感受到的时间与实际等待的时间是有很大差别的，在不同条件下等待，同样一分钟可以使人感觉到很短或者是漫长无比。而顾客的期望时间取决于多方面，如顾客的时间价值观念或者服务的价值等。如在星期六下午或圣诞节前夕到达商场，顾客就已经在心理上准备了要在收款台前等待。实际上，在服务中，顾客等待时的心情是非常重要的，这会影响到顾客主观上感受到的时间，从而扩大或缩短期望时间与感受到的时间的差距。在服务过程的排队管理中，管理者需要花费很大一部分精力考虑如何适当处理排队现象，并使等待看起来短一些。

1.2.2　服务模块化

服务模块化的理论研究还处于萌芽阶段，国内外学者按照模块化的思路，通过理论演绎和定性刻画等研究方法对服务模块化现象进行观察，从不同的角度对服务模块化问题进行了不同层面的分析，较为全面地诠释了服务模块化的特性、动因、分类分层、可行性、效率及边界、治理、运行和价值创造等问题。这些研究既有"术"方面的研究（如关于服务模块化流程再造、服务模块化平台方法及前后台方法等），又有"道"方面的研究（如用服务模块化思想构建新的服务战略和商业模式等）。

与服务模块化相关的研究主要有服务模块化的内涵与特性、必要性和动因、价值创造、运行与治理四个方面。

1. 服务模块化的内涵与特性

关于服务模块化的内涵，学术界的认识尚不统一。有些学者从产品、流程、组织等服务要素分解的视角来理解服务模块化。例如，吴照云等（2012）从三个维度来阐释服务模块化。一是引进工科的学术思想，将整个服务系统解构成若干个独立或耦合的模块，这是企业组织内部服务系统的模块化；二是从管理学科出发，从组织职能入手，形成具有某一服务功能的模块化组织，这属于企业组织层面的模块化；三是从产业组织层面来分析服务模块化，即服务产业模块化。李秉翰（2010）通过离散事件的层次解构方法，将服务模块化定义为复杂服务系统分解为数个由资源要素所组成的人员、技术、信息、硬件设施设备等模块的过程。夏辉和薛求知（2010）从服务流程角度，认为服务模块化是指对服务产品的流程进行模块化分解和整合来构成不同服务产品，以满足市场不同需求的一系列活动的集合。

大多数学者对模块化的研究集中于从界面、分工、耦合、集成、定制化水平五个方面进行诠释。例如，布洛克等（Blok et al.，2014）第一次从界面的角度分析服务模块化，认为服务模块化是各种要素通过界面进行替代和交换的过程，这些界面包含人、信息以及掌控信息的各种规则等。李秉翰（2010）从分工与集成角度，认为服务模块化源于制造模块化，其服务过程可以视为许多离散性事件的集合，各个服务要素在分离的事件中发挥其效用，并完成服务行为的协作。李世杰和李凯（2010）从耦合角度，将服务模块化定义为不同服务模块由于内在技术衔接和价值形成关联，而彼此紧密配合的过程。

本书认为，服务模块化就是将服务产品进行标准化，并由顾客加以组合的过程，大型服务企业会越来越模块化，以期同时获得标准化所带来的生产率优势和定制化所带来的顾客满意优势（Sundbo，1994，2002）。对于服务企业而言，服务模块化在一些交易费用比较低的地方创造了一些新的交叉边界，这些边界为竞争者提供了进入点和突破点（Candi & Saemundsson，2008）。相比于传统的制造模块化，服务模块化的特性为：各个基本服务模块之间是紧密结合的，而且要遵循严格的先后排列顺序；模块与模块之间的相互依赖程度较高、沟通性和协调性较强；各模块功能的实现可以通过自营或共享的方式实现（林娟娟，2010）。

2. 服务模块化的必要性和动因

学术界普遍认为，服务模块化的必要性和动因主要源于需求、创新和技术三要素。席林与斯仕玛（Schilling & Steensma，2001）最早指出，服务模块化的动力机制源于推动力（公司能力的差异性）、拉动力（需求的多样性）和催化力（技术标准获得性、技术变化的速度和竞争强度）。特择等（Tether et al.，2001）基于服务标准化与个性化，对德国服务业进行实证研究表明，技术因素和市场因素对服务模块化组合有重要影响。夏辉等（2008）提出，服务模块化最重要的拉动力是服务需求，而投入品的多样性、技术选择的多样性、组织价值网络以及日益加剧的成本压力是服务模块化的重要推动力量。薛求知等（2010）则从创新动力角度出发，探讨了服务型跨国公司模块化不断向高级演化的机理，由此构建了服务型跨国公司模块化发展与服务业国际转移关系的模型。

3. 服务模块化运行

多数成果运用平台的方法或站在产业组织的角度对服务模块化的运行及治理进行了有益探索。迈耶和德托尔（Meyer & DeTore，1999，2001）将制造业产品平台设计原则应用于新服务产品的开发，并结合再保险公司的案例诠释了再保险服务产品平台的建立过程和相应服务提供流程的改进措施。佩卡里宁和乌尔库涅米（Pekkarinen & Ulkuniemi，2008）提出，服务、流程、组织和顾客界面四个维度组成了模块化的服务平台。麦特斯和瓦格斯（Metters & Vargas，2000）在对金融企业的流程设计研究基础上提出，依据是否为顾客所见，服务过程可分为互动部分（前台）和支持部分（后台）。莫呐等（Meror et al.，2002）指出，利用产品架构和模块化理论进行服务产品开发将是未来非常重要的研究热点，而前后台方法是实现服务模块化的有效方法。萨菲扎德等（Safizadh et al.，2003）认为，前后台分离是服务组织应对服务提供中顾客接触这一特点而采用的服务系统设计方式，即从空间上把服务系统分离成前台和后台两个部分，在前台与顾客进行接触并提供服务，在后台开展高效率的无顾客干扰的支持性工作。布洛克等（2010）也通过案例研究方法分析了医疗保健行业的服务流程的前后台分离和模块化的问题。赵愚等（2008）从价值链、企业边界和顾客接触三个维度分析了服务业的模块化运营。刘海明（2011）则指出，存在三种适合于服务模块化组织的协调机制——界面管理机制、信任机制和知识共享机制，并系统分析了服务模块化组织三种协调机制的实现路径。

4. 服务模块化的实现维度

（1）服务模块化分工。

服务模块化分工是指将服务系统的职能、流程和感知对象等因素进行模块化分解和设计，使各个相互耦合且保持一定独立性的服务模块通过重新的协作调整促进整体服务系统高效运转。服务模块化既要顾及生产，还要注重消费者的需求，因而往往是把消费者和企业合并起来进行模块化解构，把服务系统解构为若干服务工序，这些生产工序具有结构和功能上的独立性，分工的路径为知识或信息生产。服务的无形性和不可储存等特性，致使服务模块化需要借助于信息和通信技术进行服务工序的分工。互联网技术环境下，服务模块化通过网络数字化管理功能的平台，打破标准化界面分工的局限性，实现服务模块化分工的智能化，从而在标准化和规模化中体现个性化和差异化价值。可以从服务程序、服务产品、服务目标和服务机能四个维度来考察服务模块化分工，如表 1-1 所示。

表 1-1　　　　　　　　　　服务模块化分工的内涵与应用

分工维度	内涵	产业应用
服务程序模块化	将紧密耦合的程序体系分解为子程序模块，确立界面规则，使子程序模块形成适应范围广、松散耦合的程序体系的过程	快递服务业将快递服务程序分为取件、中转、派件、全球计算机信息管理平台和后续服务五大功能模块

分工维度	内涵	产业应用
服务产品模块化	依据特定架构规则将产品系统分解为多个独立发展并能协同工作的模块的行为，这是基于制造产品生产技术的服务性延伸，旨在实现产品的多样性和个性化	电信行业融合套餐将产品功能可分为宽带、手机、固话三大功能，提高了服务产品的专业化水平
服务目标模块化	通过服务好内部目标员工和外部目标顾客而提升内外部服务质量的过程	中航信通过推行"内部讲堂""在线测试系统"等培训项目来增加新员工经验的积累；民航业针对不同的顾客设立了专门的服务模块。对初次体验的顾客主要提供航空知识培训与顾客的情绪疏导等服务项目；对乘机经验丰富的客户主要有客户关系管理服务模块
服务机能模块化	根据客户个性化需求，通过系统应有的作用和能力不断推出创新服务等功能模块的过程	金融企业通过计算机技术并利用先进的科学方法把金融理财产品分割成更小的单元，这些小单元被重新构造后，又可以衍生创新功能的金融产品

（2）服务模块化集成。

服务模块化集成是系统内外功能整合的过程，它把各子系统集中在统一的操作平台上来实现产品或服务共享和融合，从而有利于协调系统整体的运行。综合来看，主要存在技术形态的集成、组织形态的集成、知识形态的集成三种集成方式。

第一，技术形态的集成。

服务模块化借助互联网及通信技术，可以实现虚拟产品之间、虚拟经营之间的集成，而且"虚实"结合。对于企业来说，通过自身网站或者其他电子商务平台进行线上展示和推广，用户则根据自身需求进行信息浏览、购买决策、下单购买和线上支付，并进行线下取货或进入实体店铺开始服务体验，实现了产品线上虚拟服务与线下现实服务体验的一体化。爱样品网是一家为消费者提供免费样品线下领取的网站。与导购网站纯线上逻辑不同，爱样品是提供落地服务，通过形成从线上到线下的闭环，说服上游商家，从下游给予消费者眼见为实的质量保证。

第二，组织形态的集成。

服务模块化组织形态的集成既有内部子模块之间的有序管理，还有通过互联网或通信技术实现内外服务模块之间的合作互动，使组织边界延伸到顾客或市场的其他利益主体，产生别具一格的商业模式。阿里巴巴旗下支付宝公司与天弘基金公司合作，将其组织边界拓展，通过建立的余额宝，用 1 年时间创下 5000 亿元的管理规模，用户超过 1 亿人，并带动百度百赚利、博时现金宝、微信银行闪电理财通等互联网基金宝产品快速发展，形成金融领域壮观的"宝宝"兵团。

第三，知识形态的集成。

服务模块化知识集成在一定程度上表现出开放、平等、协作、共享的"互联网精神"。具体体现为两个方面：一是服务模块主体内部的知识集成。微软手机（Surface Phone）的目标用户主要是商务人士，其市场用户只有 7500 万，但由于微软视窗的 Outlook、Office 和 Lynk 等应用模块集成在移动手机上，微软在商务领域有了很多忠实的粉丝。二是服务模块与顾客之间的知识集成。芝加哥的无线（Threadless）T 恤衫公司鼓励访客通过 Threadless. com 网站提交他们的设计作品，然后由另一些顾客通过公司内部联通的互联网平台对这些顾客进行打分，筛选出得分最高的图案印在 T 恤衫上销售。这种"网络知识系统"共享的方式实现了服务产品的集成创新。

（3）模块化界面的差异。

模块化界面是内部成员模块之间交互作用的通道、介质、方式或规则，代表了相互之间信息流、物质流、知识流双向传递的机制。布洛克和路易斯等（Blok & Louis et al.，2014）第一次从界面的角度分析服务模块化，认为服务模块化是各种要素通过界面进行替代和交换的过程，这些界面包含人、信息以及掌控信息的各种规则等。与制造模块化界面的标准化范式不同，服务模块化界面强调能够按照预先设定的方式将不同服务模块之间的知识能力要素相互融合、相互渗透，由此产生一种共生界面，从而形成全新的服务组合模式和资源整合范式。在服务模块化企业，平等、开放与共享的理念使服务模块通过共生界面进行联结能够促进服务模块主体之间以及服务模块与顾客之间的知识能力要素的对流与融合，从而产生智能化的服务方式。因此，共生界面既存在于服务模块之间，也存在于服务模块与顾客之间，表现出一定的融合性和开放度。一是服务模块之间的共生界面。服务模块之间的共生界面制约着服务流程体系的运转效率和效果。以金融服务业为例，服务模块之间的共生界面存在于金融业内部各个服务模块的组织安排之中，如自助设备服务模块、手机银行服务模块、证券交易服务模块和银行抵押服务模块等通过在诸如电子商务的信息基础平台上实现整个服务模块系统的互联。服务共生界面也存在于服务模块化主体之间，如中信银行与百度联合发起设立直销银行。中信银行主要负责产品的创新、设定，风险的控制以及客户的激励和管理等方面的工作，而百度则会发挥他们大数据处理以及场景化设计的优势。两个母公司的优势结合，真正实现百姓理财和大众服务的市场定位。二是服务模块与顾客间的共生界面。在服务模块化企业，顾客能接触到的服务感知都属于顾客与服务模块之间的共生界面。服务模块之间彼此依赖，相互融合，构成一体化的顾客服务体系，创造的价值往往大于单个模块创造价值的总和。为迎合游客需求、推动"旅游＋互联网"的战略，途牛旅游网从 2015 年 2 月 4 日起推出"牛对兑"，为有出国意愿的人提供网上货币兑换业务，将旅游目的地的线上与线下数据打通，同时基于上亿的用户数据为旅游目的地提供大数据服务。

（4）模块化耦合程度的差异。

模块化耦合是指以特定的规则将各个模块有效地联结起来进行信息传递，以达到共同协作的过程。模块的耦合程度主要取决于模块接口的复杂程度和模块调用方式的灵活性两个因素。

第一，模块接口的复杂程度。

服务模块接口可以是各种信息、信号以及程序，其无形性使得服务模块很难像制造模块一样形成统一的标准界面，从而降低了服务模块之间的耦合程度。在金融、信息、研发、IT 这样的知识密集型服务行业，处理的主要是各种知识能力要素，知识信息的无形性与多样性，使各服务模块主体之间往往不具备形成系列化、标准化接口的诸多因素，从而降低了服务企业内部各服务模块联结的机会。但这些知识信息被数字化、软件化、智能化接收、处理和传输之后，反而更容易在全球进行模块分解和整合，保持了服务模块之间的独立性和灵活性。因此，其某一服务流程研发中心可能在美国，信息处理系统在日本，客户服务在中国，核心技术服务在母国，从而实现服务企业经济高效的全球化布局。

第二，模块调用方式的灵活性。

服务模块化运用人工智能、数字服务、物联网等技术，将顾客根据自己偏好选择的不同界面的服务模块进行重组构成个性化的服务产品。服务模块化所依赖的主要服务系统是可重构的，可以在柔性生产系统的基础上进一步解决顾客需求千差万别的矛盾，并实现服务模块的灵活调用，从而降低服务模块之间的耦合程度。第四代移动通信，可以跨越不同频带宽度的网络，在不同固定无线平台中提供无线服务，可以在包括卫星通信和平流层通信在内的任意地方用宽带接入互联网，宽带局域网能与宽带综合业务数字网（B - ISDN）和异步传输模式（ATM）兼容，形成多媒体通信的综合宽带网络。整个第四代移动通信技术（4G）移动通信服务系统被模块化，成为一个开放的架构，被模块化的服务系统可以通过基于不同界面的模块重组产生多样化的服务产品，并实现产能的灵活调节。

（5）模块化定制化水平的差异。

模块化定制化水平是指按顾客自身要求，为其提供适合其需求的，同时也是顾客满意的模块化产品或服务的能力，主要表现在定制范式和定制技术两个方面。

第一，定制范式。

对于服务模块化企业，顾客服务感知与服务生产过程紧密相连，贯穿服务产品生产的全过程，个性化定制就是顾客介入服务产品生产过程的一种新型范式，其关键创新点在于，根据服务产品功能设计的要求构建包含服务模块序列和界面标准在内的开放式架构，顾客可以按照自己的偏好选择独特的服务模块，组合构成个性化的服务产品。在小米看来，客户不应该再被动接受或仅仅从企业给出的服务产品类型中选择自己喜欢的服务产品，还应该成为参与技术研发的伙伴。因此，小米通过向粉丝提供智能研发平台，让其亲自参与手机系统的设计开发，并持续在线整合更新粉丝的反馈意见。在 60 万小米发烧友的参与下，小米手机实现了顾客需求个性化的创新。

第二，定制技术。

基于"互联网＋服务"，凭借充裕的开放性和多样性，服务模块化方式能够提供更具个性化的服务产品：通过发展智能物流、电子商务等，降低服务产品定制成本、丰富服务产品定制方式；通过研发设计、信息软件、绿色环保等社会服务为用户提供完整的服务产品定制方案。信息鸿沟的缩短，使用户主动寻求自己想要的服务定制模式，而服务商也可以通过更加灵活与更加互动的方式，主动挖掘用户的需求特点，进行及时性的改进，输出服务质量更高和更便捷的定制方式。例如，为了打造高品质的度假体验模式，绿卡网致力于将集团旗下的多元业态（如地产、酒店、旅游、娱乐、文化等）与互联网融为一体，打造一种全新的会员专享式旅游度假新模式（线下：专为会员制定的高端旅游度假体验服务；线上：会员专享一站式绿卡服务）。会员专享，对顾客来说，是对旅游度假时代个性化和定制化服务的体验；而对绿卡网来说，高品质的差异化服务有利于提升企业核心竞争力。

1.3　服务模块化水平

一方面，现实中，服务模块化逐渐被应用和推广到以"互联网＋"为标志的服务业、金融保险和文化服务等产业。与此同时，当前我国服务业快速发展，信息传输、软件和信息技术服务业，租赁和商务服务业等现代服务业对经济增长的引领作用不断增强，服务业一些行业已迈入世界前列，移动支付、共享经济、大数据运用已走在世界前列，以"互联网＋"为标志的服务业新经济高速成长，战略性新兴服务业、高技术服务业、科技服务业等新兴服务业发展势头强劲，旅游、文化、体育、健康、养老服务业稳定健康发展。另一方面，现代服务业与先进制造业呈融合发展的趋势，具体包括的三种形态。其一是结合型融合，即指在制造业产品生产过程中，中间投入品中服务投入所占的比例越来越大；同时，在服务业最终产品的提供过程中，中间投入品中制造业产品投入所占比重也是越来越大。发展迅猛的生产性服务业，正是服务业与制造业"结合型"融合的产物。其二是绑定型融合，即指越来越多的制造业实体产品必须与相应的服务产品绑定在一起使用，才能使消费者获得完整的功能体验。在绑定型融合过程中，服务正在引导制造业部门的技术变革和产品创新。其三是延伸型融合，即指以体育文化产业、娱乐产业为代表的服务业引致周边衍生产品的生产需求，从而带动相关制造产业的共同发展。

对于服务模块化水平的概念界定，现有文献没有进行统一和明确的定义。因此本书将从模块化、服务模块化以及模块化程度（能力）等方面的文献分析来对服务模块化水平的概念进行界定。

在对模块化内涵的理解上，现有学者对模块化的理解大同小异，几乎是将模块化理解为将复杂系统按照一定的标准界面对各个独立的子模块进行分工和集成，进而满足顾客的个性化需求的过程。例如，李晓云和沈先辉等（2019）认为在复杂动态环境下，模块化是一种解决系统问题的有效方法，它是指按照特定界面规则，将系统拆分为功能独立的节点模块，在模块化耦合的特征下使得整个系统能够及时满足定制化的顾客需求。王海军和陈劲等（2020）提出模块化是将一个复杂的系统分解成具有标准化接口的模块，每个模块都有特定的功能，可以相互独立地设计、获取和生产，它是最小化分工和协作的结果。休斯等（Hughes et al.，2021）将模块化界定为系统的各个单元的可分离性和可重组性，即各单元间的紧密联系和整个系统的规则设定的各单元组合和匹配的程度。

在对服务模块化概念的理解上，一些学者从模块的独立性和集成的角度来理解服务模块化。例如，詹森等（Jens et al.，2018）认为服务模块化是一种设计原则，用于单独的模块构建复杂的产品或服务。这些模块可以单独进行改进和替换，不会影响整个系统。还有一些学者从分离和重组的角度来理解服务模块化。例如，艾达·格雷梅尔等（Ida

Gremyr et al.，2019）将服务模块化定义为一组不同服务模块中的客户可以组合服务的程度，该概念在很大程度上类似于产品模块化，描述了分离和重新组合系统组件的可能性，该概念表示组件之间耦合的紧密性以及产品架构能够实现组件分离和重组的程度，认为服务模块化的两条路径为标准化和定制化。

至于对模块化水平的理解，大多数专家认为，它源于杨格（Young）的"专业化程度"概念。模块化水平衡量了企业的产品可解构和柔性化组织结构的特征。现有文献对于服务模块化水平的概念界定主要为以下三个层面：一是产品视角的服务模块化水平，本质上是研究生产产品需要的技术间的紧密联系。二是过程视角的服务模块化水平，本质上是探讨生产过程中各个环节之间的依赖关系。三是组织视角的服务模块化水平，主要分析了服务架构设计及组织松散耦合的系统连接关系。王辉和侯文华（2013）基于外包业务流程，认为模块化水平是指业务流程的成熟度和标准化及独立性，即独立于其他业务流程和它所运行的 IT 系统，因此它可以与其他流程分离，独立运行于 IT 系统上，但并不失其功能性的程度。赛义德等（Saeed et al.，2020）认为一个系统的模块化水平是根据其分解为独立的自备子系统（称为模块）的能力来定义的。王瑜和任浩（2021）认为企业模块化能力是指核心企业对具有价值的模块进行操作、协调、整合和管理的能力。

何谓服务模块化？佩卡里宁和乌尔库涅米（Pekkarinen & Ulkuniemi，2013）把服务模块看作能够提供相同特征服务的一个或多个服务要素的有机结合体。乌尔库涅米和莫勒（2010）认为，服务模块化首先是将各个独特的功能打包，形成面向特定需求的服务包，然后结合硬件、软件和混合动力技术，通过模块重用，持续地为客户提供满意的产品服务。服务模块化是对能够降低服务复杂性和提高服务响应能力的不同功能的有机整合（姚树俊等，2012）。服务模块化是企业运用模块化思想与方法，架构服务产品与服务流程系统，提高服务质量与服务效率，向顾客提供服务价值选择权的创新活动（陶颜、魏江，2015）。从产业层面来看，服务模块化是指按照专业化专供的思路，基于嵌入产业中的服务系统，把它拆解成若干个具有某一价值创造功能的服务价值节点，并通过横向联合，形成若干个独立运行的服务价值模块，从而使嵌入产业中的服务系统产生持续动态分化与集成的过程（吴照云、余长春，2012）。在分工、集成、界面、耦合程度和定制化水平等维度，服务模块化与制造模块化之间均存在着差异（余长春、赵晓宁，2015）。

服务模块化水平可以理解为企业在服务模块化方面达到的高度，一个企业的服务模块化水平对产品生产、企业创新、企业绩效起着至关重要的作用。服务模块化水平是一个新兴议题，对它的研究还处于探索阶段，缺乏较为全面的理论框架。目前，服务模块化水平的研究视角并不统一，适用对象也很单一。现有研究分别从产品视角（Christensenetal，2012；Sullivan，2013；Miozzo & Grimshaw，2015）、过程视角（Maeeormacketal，2016）和组织视角（Peters & Leimeister，2014）来界定服务模块化水平；或者探讨服务模块化的构成要素；或者站在理工科视角，从数学、物理学和计算机科学入手，以数学建模、复杂网络、工业和信息技术为切入点，分析产品、技术或平台的模块化水平，以及服务模块化水平的测量方法及测量维度等问题。

1.3.1 产品视角的服务模块化水平

服务模块化水平在服务产品设计和服务运营管理的过程中发挥作用（Blok，2010）。服务产品的模块性可由对产品重新设计的投入量多少来衡量，服务产品中所有构件的模块总数即为服务产品模块化水平（Balachandra，2012）。服务产品模块化水平是一种"相对财产"，可以进行定量的评估与分析（Mohamed Kashkoush，2016）。服务模块化水平不仅受到产品定制、产品知识产权、产品创新和产品大小的影响（Pero M & Cigolini R，2015），还受到模块化进程中的产品战略决策，特别是产品模块的标准化、产品资源的合理化和产品任务专业化的影响（Barbosa & Lacerda，2017）。从产品的形成过程角度来看，几个流程可以合并到一个模块中，从而一起构成了服务产品（Peters C，2014），最优的服务模块化水平可以更好地管理产品的变化和多样化，更有效地进行产品开发和制造（Mohamed Kashkoush & Hoda ElMaraghy，2016）。产品视角的服务模块化水平界定本质上是在探讨提供产品生产所需的技术技能间的依赖关系。

1.3.2 过程视角的服务模块化水平

服务模块化过程是由一个或者多个模块（任务）组成的，这些模块独立设计，但仍作为一个整体来执行客户所需的预期功能。如果服务模块化过程的所有相互依赖关系没有得到充分的处理和协调，服务流程和系统的模块化将需要重新构建价值创造活动和资源。过程的服务模块化水平能够增强客户对公司发展的信任度，有益于产品的质量评估，而且可以提高服务的可视性，从而帮助顾客，特别是在服务的购买过程中。服务共创的价值体现了客户在参与服务生产过程中能够感知到的价值。过程的服务模块化水平减少了客户与服务成果相关的评估任务，客户可以在实际执行前更好地评估成本与蓝图的质量。除了服务结果之外，还增强了客户对服务提供商员工的信任，以及在服务过程中以合适的方式进行合作的能力（Pekkarinen S，Ulkuniemi P & Rahikka E，2011）。过程的服务模块化水平使分解进程成为可能，标准子流程和定制子流程，并且在定制子流程之前放置标准子流程以实现最大的灵活性。推迟的制造将最终的组装转移到配送中心甚至客户现场。这可以快速响应不断变化的客户需求。如果服务装配线是模块化的，工作站和单位可以灵活地添加、删除或者重建（Bask A，Lipponen M & Rajahonka M，2011）。马来西亚的国际商业机器公司（IBM）服务部门利用原子、分子、服务元素这些术语来表示工作和过程范围的服务模块化水平。每个服务项目（"分子"）都包含一系列可分为逻辑子项目（"要素"）的工程或服务范畴，这些项目或服务可以独立运作并可以提供给客户。这些子供给可以进一步细分为最小的工作任务（"原子"），这些工作任务可能不够重要，但是形成了任务集合的逻辑模块（Peters L & Saidin H，2000）。过程视角的界定本质上是在探讨生产过程中的各个细节间的依赖关系。

1.3.3　组织视角的服务模块化水平

服务模块化水平是以松散耦合为基础，反映了模块单元和松耦合的模块间依赖各个模块之间的模块内部的凝聚力与衔接度，银行可以利用合适的服务模块化水平进行有关融资服务的组织设计（Peters C，2014）。彼得斯和莱迈斯特（Peters & Leimeister，2014）与彼得斯（2014）的研究得出，以衔接服务通过在工艺水平上的分析得到模块化参数和识别可用于该众筹服务包的设计模块，使银行和合作伙伴能够团结起来进行市场细分。这样初步的融资服务能够在单一步骤分解，能够得到模块化参数和构建模块，从而实现有效的服务供给。因此，模块可以在其他服务中重用，或者被新服务替换，而不会影响整个服务的结构

（Haas P & Blohm I，2015）。服务模块化的设计规则，包括显形规则和隐形规则两类（宋娅婷，2015）。蒂瓦纳（Tiwana，2015）对技术模块化以及企业间模块化的解释为，企业间服务模块化水平依赖于企业系统间的松散耦合程度。提高企业间服务模块化水平可通过在正式建立外包合作前明确定义外包项目与发包企业系统间的功能接口（包括连接方式、信息交流和互动）的方式来实现（Sanchez，2012；Mikkola，2013）。研究设计服务架构时，专业人士会考虑设计一个服务模块化架构，在专业服务架构的设计过程中，组织服务架构功能和适用性影响服务模块化水平原则的采用（Broekhuis M & Offenbeek M V，2017）。老年护理模块化服务架构的设计过程，侧重于新兴的设计选择及其背后的论据，并且在设计过程中考虑到广泛的功能性和适当性（Broekhuis M & Offenbeek M V，2017）。企业可以利用服务模块化水平帮助万维网（Web）对象在物联网环境中实现可重用性。王建安（2014）认为，服务模块化水平与松紧耦合相关，松与紧是对耦合的分类，而真正与紧耦合相对的本来应该是无耦合，松耦合只是中间状态。松散耦合决定了组织要素间互相影响和依赖程度的异质性，它是结构化的结合体。松散耦合的特性也决定了模块化系统内部成员之间独立自主创新和保持主模块整体性的可能性。组织视角的界定主要分析服务架构设计及组织松散耦合的系统连接关系。

1.3.4　服务模块化水平的构成要素

比较一致的看法是，模块自律性和界面标准性是服务模块化水平的两种构成要素。例如，魏江等（2012）认为，服务模块化包含两种构成要素：界面标准性和模块自律性。前者是指模块间依赖关系的稀少程度，即模块间是否需要界面；后者是指模块间依赖关系的规范程度。服务模块自律性指模块能够从系统中分离出来，不会破坏整个系统（Allen & Carlson，2012），体现了模块的外在可替换性及模块间依赖关系的稀少程度（Garud & Kumaraswamy，2013）。一般而言，模块的外在可替换程度越高，模块间的依赖性越低，模块自律性越强，越有助于通过模块替换实现功能的最优配置（Swaminatham，2011），满足客户的定制需求。范志刚等（2014）通过整合产品视角和过程视角，分析得出知识密集型服务业服务模块化的核心构成要素为模块自律性和界面标准性。

1.3.5 服务模块化水平的测量方法

可以通过数学建模的方式测量服务模块化水平。米考拉和加斯曼（Mikkola & Gassman，2013）建立了一个模块方程，其中包括产品的构件总数，耦合度（依赖于构件间的界面数量）以及替代因数（由界面数量决定的产品族数量）。格尔·申森等（Ger – Shenson et al.，2015）考虑产品构件间和加工过程中的依赖性及相似性，给出测量产品服务模块化水平的四个步骤。杨阳等（2014）通过分析产品零件之间的关联度和零件的功能属性、物理属性、成本属性的相似性形成零件之间的关系矩阵，根据关系矩阵得出更高程度的产品模块，建立了提高产品服务模块化水平的模型。刘夫云和祁国宁（2015）将复杂网络应用于大批量定制的产品服务模块化水平的评价领域，提出了产品服务模块化系数计算方法以及基于产品模块化系数的服务模块化水平评价方法。陶颜和孔小磊（2015）从服务产品模块化和服务流程模块化两个子维度，通过文献研究、实地访谈、探索性和验证性因子分析等，利用效果指标建立了服务模块化评价指标体系。肖恩（Schön，2012）把模块化函数用于测量嵌入产品体系结构的服务模块化水平，得出服务模块化水平的计算公式（关于可替代因子、耦合度、模块接口数量、模块组件数、产品的耦合程度变量之间的关系函数），指出：产品的模块组件数越少，服务模块化水平越高，产品的耦合程度和产品的服务模块化水平呈负相关关系；替代性因子越高，产品的服务模块化水平越高。

1.3.6 服务模块化水平的测量维度

大多数学者对模块化的研究集中于从界面、分工、耦合、集成、定制化水平五个方面进行诠释。例如，布洛克等（2014）第一次从界面的角度分析服务模块化，认为服务模块化是各种要素通过界面进行替代和交换的过程，这些界面包含人、信息以及掌控信息的各种规则等。李秉翰（2010）从分工与集成角度，认为服务模块化源于制造模块化，其服务过程可以视为许多离散性事件的集合，各个服务要素在分离的事件中发挥其效用，并完成服务行为的协作。李世杰和李凯（2010）从耦合角度，将服务模块化定义为不同服务模块由于内在技术衔接和价值形成关联，而彼此紧密配合的过程。

组织视角，可从组织结构模块化、组织产出模块化、组织模块化接口和外部功能模块化四大维度测量服务模块化水平。

组织系统开始用松散耦合代替紧密联结的结构时，组织结构就变得越来越模块化了（Snachez，2015）。松散耦合包括松散性和耦合性，前者体现在结构的组织组件之间关系微弱，能平行作业互不影响，在现实组织中就表现为组织各部分之间的相互依赖性很小，且组织组件（团队）具有很高的自治性和团队的高职业素养。耦合性是指组织组件可以再组合成许多配置形成一个完整统一的过程，这一整合过程必须遵从一定的规则，且各个组件之间有良好的沟通。在模块化的设计规则中，包括显形规则和隐形规则两类（宋娅婷，2015）。奥尔顿（Orton，2010）认为，耦合是组织松耦合向紧耦合延伸的一维度量，这种度量能够对其进程量化。当组织整体掩盖了组织的各部分特征时，该组织是紧密耦合的；当各部分特征无法表征组织的整体特征时，该组织是非耦合的。根据桑切斯和马奥尼（Sanchez & Mahoney，1996），蒂瓦纳（2015）对技术模块化以及企业间模块化的解释为，企业间模块化度依赖于企业系统间的松散耦合程度（degree of loosely coupling）。提高企业间模块化度可通过在正式建立外包合作前明确定义外包项目与发包企业系统间的功能接口（包括连接方式、信息交流和互动）的方式来实现（Sanchez，2012；Mikkola，2013）。布鲁苏尼（Brusuni，2011）将耦合关系分为独立性和响应性，并认为独立性确保了模块的独立运行能力，响应性则是这种耦合关系的特殊作用途径。王建安（2014）认为，松与紧是对耦合的分类，而真正与紧耦合相对的本来应该是无耦合，松耦合只是中间状态。松散耦合决定了组织要素间互相影响和依赖程度的异质性，它是结构化的结合体。松散耦合的特性也决定了模块化系统内部成员之间独立自主创新和保持主模块整体性的可能性。

组织产出模块化程度的一个重要体现就是组织提供产品或服务的多样化，组织提供的产品或服务种类越多，组织产出的模块化程度就越高。组织产出模块化的另一个体现就是组织具有高度的时间敏感度，能够及时快捷地提供服务或产品。顾客的多样化需求是模块化日趋盛行的重要驱动力之一（钱平凡等，2013），因而，满足顾客的多样化需求促成了组织产出的模块性。

组织模块化接口主要表现为界面的标准性。标准统一界面是影响模块化水平的主要因素之一。统一设定标准化界面，能够将各个模块的生产功能隔离开来，从而实现独立的价值创造，降低了各个模块之间因为知识与信息互换而产生的额外风险和成本。蒂瓦纳（2011）认为，统一标准的界面，能够有效地减少外部系统与发包商的相互依赖关系。萨贝尔（Sabel，2014）指出，在标准的统一界面下，存在着使整个模块系统之间无限创新的潜力和动机。陈和刘（Chen & Liu，2015）从模块化的界面协调角度，论证了模块化对创新的作用，并建立了模块化创新的界面战略矩阵。陈（Chen，2015）进一步提出，系统的模块化程度其实就是界面的标准化程度的度量。因此，标准界面的设定在某种程度决定了组织模块化中模块的实际价值，没有标准统一的界面，各个模块之间无法形成有效的信息与技术沟通，无法达到模块化所能达到的低成本创新和价值传递。

组织外部功能是指组织与外部其他组织互动的能力，反映的是组织柔性和边界渗透能力，组织柔性是一个与动态环境相适应的概念，是组织连续作出临时调整的能力（王永贵，2013），可以用来测度组织外部功能模块化这一指标。组织外部功能模块化过程最终表现为核心组织协调下的网络组织模式和模块集群化的网络组织模式（雷如桥，2014；周鹏，2014），在这个网络模式里，与越多的组织建立关系，就意味着组织的边界渗透力越强，那么组织外部功能的模块化程度越高。因此，组织与外界机构建立关系的数量，可以用来测度组织外部功能模块化这一指标。仅测量组织的渗透力可能是不够的，组织边界不再是指物质边界，而是指能力边界，组织边界的大小，取决于自身核心能力的强弱（李海舰，2015），能力越强，组织边界越大，就意味着组织越容易与外界组织建立良好关系，因而，建交质量还应成为测度组织与外部其他组织互动能力的第三个指标。除此之外，服务定制化水平也是组织外部功能模块化的主要衡量指标。借助模块化独立性和半自律性特点，模块化组织能够强化自身的定制化服务生产能力，降低自身的经营风险，并能够对多元的市场需求作出快速的响应，使整个组织机体更具消费引导能力，极大地满足了消费者的多样化需求。

还可以从其他维度来测量服务模块化水平。米考拉（Mikkola，2014）认为，产品结构的特征、模块的耦合程度以及模块间的相互替代性，可以作为衡量产品设计模块化的测度指标。陈和刘（2014），安东尼奥等（Antonio et al.，2015）认为，企业向外实行产品功能模块外包程度、从企业外部购买功能模块的难易程度、产品模块间的联系强度亦能作为产品设计模块化的测量标准。桑切斯（Sanchez，1996）基于对标准化和模块化关系的理解，指出模块化的本质是用标准化的界面设计出弹性的产品架构。鲍德温和克拉克（Baldwin & Clark，1997）认为模块化是指通过每个可以独立设计，并且能够发挥整体作用的更小的子系统来构筑复杂的产品或业务过程。

第二章

服务业服务模块化水平的量表开发

2.1 服务业服务模块化水平的测量维度

关于服务模块化水平维度划分的研究，本书通过文献梳理发现，现有研究将服务模块化的结构维度划分为标准化、独立性、定制化、组合性四个方面。具体如下。

格申索等（Ger shenso et al.，2003）强调模块组件间必须要有相似性和依赖性，模块化设计可以将组件组合成易拆卸的模块，以便可以轻松地重复使用或重新制造。魏江和赵江琦等（2009）认为模块化的核心是独立性，要求模块内部的连接强度应该很高，模块之间的连接数量和弱点应该很低，模块之间的接口应该很简单，容易集成到系统中。夏辉和薛求知（2010）认为独立性水平分为模块的内聚度和模块间的耦合度两个指标，并用这两个指标对独立性水平进行测量。永钛和派克（Yongtae & Park，2012）认为服务流程主要包括定制程度、顾客参与度、自助服务的可能性、接触频率度；服务结果包括标准化程度、需求变化度、客户接触程度。魏江和刘洋等（2013）根据访谈数据的分析和文献搜寻，结果显示，服务模块化是通过企业内部模块的可互换性、接口的标准化或可选性以及架构的可扩展性来衡量的。范志刚等（2014）将知识密集型服务业作为研究对象，从模块自律和界面标准化两个方面来衡量服务模块化程度。姜奇平（2015）认为服务模块化的构成指标主要包括组件通用度和组合性、界面的标准化程度和松散耦合程度。孙健（2017）将模块化划分为产品和服务的功能关联、类别关联、过程关联和结构相似性。彼得斯等（Peters et al.，2018）认为服务模块化的维度包括：相对独立性，即组成模块的组件应该相互依赖，但与其他模块的相互依赖应该最小化；标准化接口，即涉及模块之间典型的标准连接，允许模块之间的交互和通信。顾元勋（2019）认为模块化程度主要通过模块划分与模块之间的紧密程度来测量。王海军和张悦等（2018）基于组织视角，将模块化划分为分工性、独立性和响应性三个维度，后者强调需要对模块化系统集成的技术和功能规则进行标准化的明确设计。王海军和郑帅等（2020）认为，对于产品设计来说，模块化水平是根据组件的可分离性、特殊性、独立性和可互换性来创建的，主要是包括松散耦合、标准化的接口定义、相互依赖和定制化。

基于以上文献研究，本书考虑到服务业具有不可视性、差异性、生产和消费的不可分割性以及高顾客接触性等特征，结合服务行业所特有的价值链，将服务业服务模块化水平的维度划分为标准化水平、独立性水平、定制化水平和组合性水平四个维度，以此来衡量服务业服务模块化的水平。

2.2 服务模块化水平的量表开发

2.2.1 量表开发的思路与设计

1. 量表开发原则

史蒂文森（Stevenson，1971）将构念测量定义为根据一定的规则，采用量化的方式描述被研究对象具备某种行为或特征的程度。变量的测量是检验理论正确性的关键方法，整个研究结论的可靠性受实证研究的准确程度控制。数据能够准确地反映研究对象的特征是对量表最基本的要求（陈晓萍、徐淑英等，2008）。保证量表质量的基本标准是信效度，为了能够开发出具有较好的信度和效度的服务模块化水平测量量表，在开发量表过程中必须要遵循一定的原则。首先，对服务模块化水平的概念进行详细界定，使得量表编制者知道需要测量的内容是什么，并在开发量表的过程尽最大可能地包含服务模块化水平的四大维度。其次，设计语言精确、指意清楚的测量题项。最后，努力克服量表中随机因素对测量结果的影响。

2. 量表开发步骤

为了开发一个理论构念与实际测量题目高度一致的量表，本书基于以下量表开发步骤进行：第一步，对测量概念进行清晰界定。明确该概念分为几个结构维度，每个结构维度的含义和指标。第二步，产生初始测量量表。通过梳理和整合已有文献，基于指标的内涵范围，汇集符合变量内容的测量题项，并对其进行筛选和分类，进而组建出初始测量题项。第三步，内容效度的评价。内容效度是指量表的实际内容与研究者预想的测量构念之间的一致性。量表编制者需要评价初始测量条目的有效性，并删除那些容易引起被调查者误解和不能明确表达构念内容的条目。第四步，信度检验，即对量表的内部一致性和稳定性进行评价。第五步，效度检验，即通过验证性因子分析来评价量表的结构效度和区分效度。

2.2.2　服务模块化水平测量量表的形成

1. 标准化水平的测量

范志刚等（2014）认为，标准化既是明确界面的规则，又是模块之间依附关系的程度。邓洲（2015）认为标准化是有区别的模块间相互作用并且达到最终产品功能的要求，从内部看，标准化是指各模块进行数据交换需要的统一"语言"，从外部看，标准化是指同一个类别模块化产品采取相似或彼此兼备的技术标准规范。张会新和白嘉（2018）将标准化定义为模块形成的体系结构规则以及所有模块都接受的接口标准和技术规范。可见，标准化水平是为了实现系统中各子模块的独立性，针对个性化要求进行整合而形成的规范程度。波荷森佩拉等（Pohjosenpera et al.，2019）将标准化水平分为产品界面标准化和流程界面标准化两个指标。产品界面标准化是指企业按照标准化的原则对产品和业务的服务规范进行规定；流程界面标准化是服务企业对服务流程进行详细的规定，以达到标准化服务的过程。王海军等（2021）从组织模块化视角使用"工作制度的完善性"和"项目部门之间有标准且固定的工作流程"等测量题项来测量服务模块化。基于此，标准化水平的测量量表如表2-1所示。

表 2 - 1 　　　　　　　　　　标准化水平测量量表

结构维度	测量指标	编号	测量题项
标准化水平	产品标准化	A1	各产品模块职能清晰、功能明确
		A2	产品共享通用的产品模块
		A3	产品模块间的互动方式有明确的规定
		A4	产品特征的设计依据标准化的基本单元
	流程标准化	A5	流程模块间的交流方式有明确的规定
		A6	流程模块可分为标准子流程和定制子流程
		A7	流程标准化先订购标准化流程，后订购定制子流程

2. 独立性水平的测量

李柏洲和徐广玉（2013）认为，独立性是指将模块从系统中分离出来而不损坏整个系统，反映了模块的外部互换性和模块间依赖的稀缺性。可见，独立性水平是一个体系内模块的彼此依附关系和各个模块外部间的疏离程度。夏辉和薛求知（2010）将模块独立性的测量指标分为两个部分：一是模块内聚性，即系统内的关联性和依赖度；二是模块间耦合性，是指耦合用于描述模块之间的连接和依赖关系。彼得斯等（2018）也认为独立性被细分为两个衡量标准，即模块内聚性和模块间的相互耦合性。在系统功能方面，模块内部的连接性的衡量标准被称为内聚性，而相互连接性的衡量标准可以定义模块之间接口的复杂性。郑帅等（2022）测量服务模块化的题项主要包括："某流程内部的变动不会影响其他相关流程的运作""内部某部门业务较少受到其他部门的实质性干扰""局部协作关系的调整不会造成其他部门的重大变动"。基于此,独立性水平测量量表如表 2 − 2 所示。

表 2 − 2 独立性水平测量量表

结构维度	测量指标	编号	测量题项
独立性水平	内聚度	B1	模块内进行工作交接时需要很少的交流
		B2	客户对模块有意见时重新进行分解与集成
		B3	模块内部组件发生变化时会影响该模块的属性
		B4	标准或依据会因技术条件的变化而相应调整
	耦合度	B5	服务产品模块进行修改时不影响其他模块的变动
		B6	服务流程步骤和技术变动不影响其他模块
		B7	各组织模块之间有紧密联系,相互依赖性较强

3. 定制化水平的测量

余长春等（2016）将服务定制程度分为模块设计的多样性、组织灵活性和客户满意度。张洁（2021）认为,服务定制化是指根据消费者的需求对产品和服务进行组装,进而满足消费者个性化的需求。可见,定制化水平是企业通过顾客参与以及接触顾客的方式进而满足顾客个性化需求的程度。永荣（Young Juny,2012）将定制化水平分为定制程度、顾客参与度和接触程度三个测量指标:定制程度是指企业通过模块化为顾客提供个性化服务的水平;顾客参与度指的是客户在接受服务时提出要求和意见的过程;接触程度是指服务人员和客户在接受服务时进行交流的程度。陶颜和孔小磊等（2015）从服务产品模块性和服务流程模块性来测量服务模块化,测量题项主要包括"产品模块各自对应着顾客的具体功能需求"和"顾客能够很容易地评价金融服务流程的运作效果"
等。基于此，定制化水平测量量表如表2-3所示。

表2-3 定制化水平测量量表

结构维度	测量指标	编号	测量题项
定制化水平	定制化程度	C1	工作人员能够有效获取顾客需求信息
		C2	工作人员利用大数据为客户量身定制服务
		C3	工作人员可以按照顾客提供差异化的服务
		C4	企业可将参与度低的流程归并到后台统一处理
	顾客参与度	C5	在服务过程中，顾客总是能够积极参与并配合
		C6	顾客提供自己的建议，促使服务流程更加简约
		C7	顾客总是在服务过程后提出自己的反馈建议
	接触程度	C8	服务人员在服务过程中能够参考顾客的建议
		C9	在自助设备中，顾客可选择适合自己的服务方案
		C10	顾客能够积极参与设备更新和改进的活动

4. 组合性水平的测量

哈克勒·詹妮弗等（Hackl Jennifer，2020）提出，组合性是指由一
个已定义的模块配置产品进行变形的能力。模块化可以利用特定的规则
通过离散或者集中模块，组成一种更加复杂的体系。可见，组合性水平
是按照一定的接口和规则将相似和能够组合的子系统组合成新系统的水
平。本书将组合性水平分为产品组合性和流程组合性两个测量指标，产
品组合性是指将相似和同一类别零散的产品模块进行合并或组合成新模
块的过程，流程组合性是指将相似的流程模块进行求同存异以构成新模
块的过程。陶颜和周丹等（2016）用"产品可以进行重新组合以满足不
同顾客需求""可以将相似的流程模块进行组合""对关键服务产品模

块进行修改时无须重新重大修改其他模块"和"对某些流程内部的具体步骤和技术进行更改不会影响其他流程"对产品模块化和流程模块化进行测量。基于此,组合性水平测量量表如表2-4所示。

表2-4   组合性水平测量量表

结构维度	测量指标	编号	测量题项
组合性水平	产品组合性	D1	产品模块可重组成不同的形式来满足顾客的需求
		D2	将功能相似的服务产品组合成新的服务产品
		D3	产品能够根据需要增减一些个性化模块
		D4	有些服务产品需要与其他模块进行合作才能完成
	流程组合性	D5	服务流程可根据市场的需求和总体的目标进行增减
		D6	可以将功能相似的服务流程进行合并处理
		D7	现有的服务流程容易进行组合以形成新的服务流程

2.2.3 初始量表生成

1. 内容效度评估

本书系统梳理与服务模块化水平相关的文献,使测量服务模块化水平的量表内容以最恰当的方式覆盖了服务模块化的理论边界。同时,为更客观和全面地探讨服务业服务模块化水平的概念和范围,基于对文献研究的深入分析,邀请了管理领域的两位教授审查初始问卷,并征求他们对内容的意见,审查主要侧重于题目设计的合理性、通俗性、综合性等方面,并对量表题项的设置提出了修改建议,在此基础上,对该量表进行了适当调整,即将定制化水平中的接触程度和顾客参与度相结合,将定制化水平的维度划分为定制化程度和顾客参与度两个维度,并将题项 C5 和 C6 删除。再邀请 4 名管理学相关专业的研究生评估问卷的可读性和清晰度，从而最终确定了服务模块化水平的初始量表。在量表的开发过程中，研究人员不断征求大学管理和统计学领域的专家和服务业管理者和员工的意见，并请他们对问卷内容进行审查，严格遵循标准步骤确保服务业服务模块化水平量表良好的内容有效性。

2. 初始量表生成

本书基于现有文献对于模块化、服务模块化的量表研究，结合内容效度的评价结果，对服务模块化水平的测量量表进行确定，如表 2 - 5 所示。

表 2 - 5 服务模块化水平的测量量表

维度	编号	测量题项	文献来源
标准化水平	A1	各产品模块职能清晰、功能明确	李柏洲、徐广玉（2013）；Peters V J T & Meijboom B R（2018）；王淼等（2020）；王海军、张悦等（2021）
	A2	产品共享通用的产品模块	
	A3	产品模块间的互动方式有明确的规定	
	A4	产品特征的设计依据标准化的基本单元	
	A5	流程模块间的交流方式有明确的规定	
	A6	流程模块可分为标准子流程和定制子流程	
	A7	流程标准化先订购标准化流程，后订购定制子流程	
独立性水平	B1	模块内进行工作交接时需要很少的交流	夏辉、薛求知（2000）；姜奇平（2015）；拉克斯等（Rax A B et al.，2017）；雒兴刚等（2020）
	B2	客户对模块有意见时重新进行分解与集成	
	B3	模块内部组件发生变化时会影响该模块的属性	
	B4	标准或依据会因技术条件的变化而相应调整	
	B5	服务产品模块进行修改时不需要其他模块的变动	
	B6	服务流程步骤和技术变动不影响其他模块	
	B7	各组织模块之间有紧密联系，相互依赖性较强	

续表

维度	编号	测量题项	文献来源
定制化 水平	C1	工作人员能够有效获取顾客需求信息	魏江等（2009）；陶颜、孔小磊（2015）；余长春等（2016）；陈婷等（2017）
	C2	工作人员利用大数据为客户量身定制服务	
	C3	工作人员可以按照顾客提供差异化的服务	
	C4	企业可以将参与度低的流程归并到后台统一处理	
	C5	顾客总是在服务过程后提出自己的反馈建议	
	C6	服务人员在服务过程中能够参考顾客的建议	
	C7	在自助设备中，顾客可选择适合自己的服务方案	
	C8	顾客能够积极参与设备更新和改进活动	
组合性 水平	D1	产品模块可重组成不同形式来满足顾客的需求	巴斯克（Bask A, 2011）；宋（Song W Y, 2015）；陶颜、魏江（2015）
	D2	将功能相似的服务产品组合成新的服务产品	
	D3	产品能够根据需要增减一些个性化模块	
	D4	有些服务产品需要与其他模块进行合作才能完成	
	D5	服务流程可根据市场的需求和总体的目标进行增减	
	D6	可以将功能相似的服务流程进行合并处理	
	D7	现有的服务流程容易进行组合以形成新的服务流程	

2.3　初始量表提纯

2.3.1　数据收集

本书选择李克特（Likert）评分量表，以了解人们对服务模块化水平的态度。五点量表的使用使得李克特量表更加具有稳定性和可靠性

（Lissitz & Green，1975）。因此，本书采用了五级量表进行问卷调查。

在选择了将量表作为本书的测量工具之后，把问卷分发给参与本次调研的服务企业的员工，并对获得的问卷数据进行提纯分析，以净化服务业服务模块化水平的初始测量量表。在新冠疫情防控规定的影响下，本书于2022年4月对金融服务业、汽车服务业、物流服务业、医疗服务业进行电子问卷调查。此外，考虑到样本量对后续探索性因子分析的影响（Hakim，2017），根据埃弗里特（Everitt，1975）的建议，样本数量满足至少是题项数目的5~10倍的统计要求，且本书的初始测量题项数目为29个，因此，本书用于探索性因子分析的样本数量应为145~290份。此次问卷发放共计170份，根据标准将不合格回答进行删除后，得到有效问卷152份，本次问卷调查的有效回收率为89.4%。其中关于行业占比，21.7%的企业是金融服务业，28.9%的企业是物流服务业，30.9%的企业是汽车服务业，14.5%的企业是医疗服务业，3.9%的企业为其他类型的服务业。关于被调查者所处职位，19.7%的被调查者为一般工作人员，44.4%的被调查者为基层管理者，29.6%的被调查者为中层管理者，5.9%的被调查者为高层管理人员。关于被调查者的年龄，2%在18~24岁的年龄范围内，38.8%在25~34岁的年龄范围内，32.9%在35~44岁的年龄范围内，19.7%在45~54岁的年龄范围内，6.6%的年龄超过55岁。关于被调查者的受教育程度，0.7%的被调查者为高中学历，40.1%的被调查者为中专/大专学历，47.4%的被调查者为本科学历，11.8%的被调查者为硕士及以上学历。关于被调查者所在企业的成立年限，21.1%的企业年限为1~5年，64.5%的企业年限为6~10年，9.2%的企业年限为11~15年，5.3%的企业年限为15年以上。关于企业规模，9.2%的企业规模为50人以下，40.1%的企业规模为50~100人，32.9%的企业规模为100~150人，17.8%的企业规模为 150 人及以上。

2.3.2 初始量表条目 T 检验

首先，对服务模块化水平初始量表的每个测量题项进行正态分布检验，结果如表 2 - 6 所示。

表 2 - 6　　　　　　服务模块化水平初始量表各条目正态分布检验

条目	均值	偏度		峰度		条目	均值	偏度		峰度	
	统计量	值	误差	值	误差		统计量	值	误差	值	误差
A1	3.26	- 0.026	0.197	- 0.924	0.391	C2	3.31	- 0.101	0.197	- 0.874	0.391
A2	3.18	0.041	0.197	- 1.013	0.391	C3	3.39	- 0.187	0.197	- 0.976	0.391
A3	3.31	- 0.075	0.197	- 1.192	0.391	C4	3.42	- 0.303	0.197	- 0.886	0.391
A4	3.25	0.116	0.197	- 0.988	0.391	C5	3.38	- 0.038	0.197	- 1.285	0.391
A5	3.30	- 0.040	0.197	- 1.251	0.391	C6	3.36	- 0.055	0.197	- 0.981	0.391
A6	3.37	- 0.238	0.197	- 1.082	0.391	C7	3.31	- 0.065	0.197	- 0.989	0.391
A7	3.39	- 0.155	0.197	- 1.306	0.391	C8	3.23	0.044	0.197	- 0.843	0.391
B1	3.24	0.049	0.197	- 1.170	0.391	D1	3.27	0.002	0.197	- 1.007	0.391
B2	3.14	0.050	0.197	- 1.008	0.391	D2	3.27	0.009	0.197	- 1.259	0.391
B3	3.23	- 0.098	0.197	- 0.884	0.391	D3	3.28	- 0.075	0.197	- 1.093	0.391
B4	3.16	0.153	0.197	- 1.110	0.391	D4	3.42	- 0.196	0.197	- 1.023	0.391
B5	3.34	- 0.222	0.197	- 0.947	0.391	D5	3.22	0.002	0.197	- 1.119	0.391
B6	3.18	0.032	0.197	- 1.023	0.391	D6	3.27	0.055	0.197	- 1.109	0.391
B7	3.41	- 0.398	0.197	- 0.819	0.391	D7	3.32	- 0.007	0.197	- 1.313	0.391
C1	3.36	0.068	0.197	- 1.299	0.391						

根据伯恩等（Byrne et al.，2010）的主张，数据正态分布满足偏度绝对值小于 2，并且满足峰度绝对值小于 8。表 2 - 6 的结果显示，29 个

测量题项的偏度系数绝对值均符合标准，峰度系数绝对值也均符合标准，可见，本书的初始样本数据符合多元正态分布的标准，能够将样本分为高、低两组对其进行独立样本 T 检验。吴明隆（2010）指出，满足正态分布的数据，可以将 27% 作为高组和低组的临界划分依据。从这一视角来看，本书将 29 个条目划分成高分组和低分组，以比较两组之间的异常值。并且，临界比率值（CR）是指高组和低组之间的差异值，若差异值不显著，则相应的题项应该被删除。根据观察，发现 29 个条目的双尾显著性均小于 0.05。因此，本书的这一阶段没有删除任何题项。

2.3.3 初始量表条目相关系数检验

本书通过同质性检验进一步分析了初始量表中各个条目与初始量表总分之间的相关性，根据标准，对于相关系数小于 0.4 的题项应该将其进行删除。表 2 - 7 为服务模块化水平初始量表各条目与总分的相关性分析结果。

表 2 - 7　　　服务模块化水平初始量表各条目与总分的相关性分析

条目	与总分相关系数	条目	与总分相关系数	条目	与总分相关系数
A1	0.558	A7	0.608	B6	0.570
A2	0.573	B1	0.569	B7	0.604
A3	0.594	B2	0.507	C1	0.621
A4	0.528	B3	0.574	C2	0.511
A5	0.596	B4	0.568	C3	0.621
A6	0.567	B5	0.624	C4	0.592

条目	与总分相关系数	条目	与总分相关系数	条目	与总分相关系数
C5	0.656	D1	0.499	D5	0.591
C6	0.534	D2	0.620	D6	0.624
C7	0.600	D3	0.596	D7	0.674
C8	0.582	D4	0.560		

表 2 - 7 显示，29 个条目与总体的相关系数均符合大于 0.4 的标准。至此，该研究阶段也没有任何条目被删除。

2.3.4 初始量表条目信度检验

信度是指测量工具的可信度，表明结果是一致和稳定的。对于李克特量表来说，克隆巴赫（Cronbach's alpha）系数主要用于社会科学领域，以评估量表的可靠性，考虑到两个标准。首先，原始量表的总体克隆巴赫系数必须大于 0.7，表明该量表具有良好的一致性。如表 2 - 8 所示。

表 2 - 8 　　　　　　　服务模块化水平各维度克隆巴赫系数分析

维度	条目数量	克隆巴赫系数
服务模块化水平	29	0.931
标准化水平	7	0.908
独立性水平	7	0.899
定制化水平	8	0.909
组合性水平	7	0.903

根据表 2 - 8 可知，量表总信度值大于 0.9，为 0.931。各个维度的
信度值分别在 0.9 以上。表明四个维度的克隆巴赫系数值均符合标准，
各维度数据可靠性良好。其次，被试条目与总体相关系数（CITC）需要
大于 0.5，如表 2 - 9 所示，

表 2 - 9　　　　　　服务模块化水平初始量表 CICT 分析

条目	删除项目后的标度平均值	校正后项目与总分相关性	项目删除后的克隆巴赫系数	条目	删除项目后的标度平均值	校正后项目与总分相关性	项目删除后的克隆巴赫系数
A1	92.31	0.516	0.929	C2	92.26	0.47	0.93
A2	92.39	0.53	0.929	C3	92.17	0.582	0.928
A3	92.26	0.551	0.929	C4	92.14	0.553	0.929
A4	92.32	0.485	0.929	C5	92.19	0.619	0.928
A5	92.26	0.553	0.929	C6	92.2	0.492	0.929
A6	92.2	0.522	0.929	C7	92.26	0.56	0.929
A7	92.18	0.567	0.928	C8	92.34	0.542	0.929
B1	92.33	0.528	0.929	D1	92.3	0.456	0.93
B2	92.42	0.462	0.93	D2	92.3	0.579	0.928
B3	92.34	0.533	0.929	D3	92.28	0.557	0.929
B4	92.41	0.527	0.929	D4	92.14	0.517	0.929
B5	92.23	0.586	0.928	D5	92.34	0.549	0.929
B6	92.38	0.53	0.929	D6	92.3	0.586	0.928
B7	92.16	0.565	0.928	D7	92.25	0.638	0.927
C1	92.2	0.583	0.928				

针对表 2 - 9，将任意其中一个题项进行删除后，不会影响信度系数
值，可见，不需要删除任何条目。并且，各条目的 CICT 值需要大于 0.5
才符合标准，"校正后项目与总分相关性系数"，A4、B2、C2、C6、D1

共 5 个题项的相关系数均小于 0.5，不符合标准，因此，将其进行删除，至此，得出服务业服务模块化水平的测量量表由 24 个条目构成。

2.3.5　初始量表条目效度检验

效度是指测量手段或工具能够准确反映被测条目的程度。效度测验是决定是否进行探索性因子分析的必要前提。在本次研究中，使用检验统计量（KMO）和巴特利特（Bartlett）球形检验来评估各维度之间的相关性，对进行了项目分析后的精简量表进行探索性因子分析，如表 2 - 10 所示。在运行了 SPSS22.0 软件后，样本的 KMO 值为 0.902，且具有 $p < 0.001$ 的显著水平，这证明构念间存在共同因素，可以进行探索性因子分析。

表 2 - 10　　服务模块化水平初始量表的 KMO 和 Bartlett 检验结果

取样足够的 Kaiser - Meyer - Olkin 度量		0.902
Bartlett 球形度检验	近似卡方	2195.879
	df	276
	Sig.	0.000

吴明隆（2010）认为针对效度分析可以使用同质性检验指标，即共同性加以检验，从而得出共同因素对于各条目的解释变异量。把服务模块化水平设定为被测目标时，各题项的共同性越高，表示题项和服务模块化水平的接近程度就越高；相反，假如题项的共同性越低，表示题项和服务模块化水平的偏离程度就越高。因子载荷量越高表明题项与服务模块化水平的共同性就越高；相反，如果因子载荷量越小表明题项与服

务模块化水平的共同性就越低。服务业服务模块化水平初始量表（24个条目）的因子载荷结果如表 2 – 11 所示。

表 2 – 11　　　　　　服务模块化水平初始量表因子载荷结果

条目	初始	提取	条目	初始	提取	条目	初始	提取
A1	1.000	0.683	B4	1.000	0.667	C7	1.000	0.698
A2	1.000	0.659	B5	1.000	0.680	C8	1.000	0.671
A3	1.000	0.706	B6	1.000	0.670	D2	1.000	0.692
A5	1.000	0.678	B7	1.000	0.641	D3	1.000	0.705
A6	1.000	0.725	C1	1.000	0.631	D4	1.000	0.642
A7	1.000	0.677	C3	1.000	0.706	D5	1.000	0.687
B1	1.000	0.590	C4	1.000	0.634	D6	1.000	0.650
B3	1.000	0.682	C5	1.000	0.719	D7	1.000	0.714

2.4　探索性因子分析

探索性因子分析通常适用于量表的开发阶段，用来评估概念结构的有效性，也就是说，在获得初始题项收集后，研究人员还应该通过验证性因子分析来探索量表项目的可能维度。基于精简量表时收集的 152 份问卷数据，对修订后的量表进行探索性因子分析，以探索服务模块化的关键维度，并考察项目与维度之间的对应关系。本书以主成分分析和最大方差旋转法为基础，根据提取特征值大于 1 的因子的原则进行探索性因子分析，如表 2 – 12 所示。

表 2 - 12　　　　　服务模块化水平初始量表探索性因子分析结果

成分	特征值	初始特征值解释方差（%）	累计解释方差（%）	提取载荷平方和			旋转载荷平方和		
				特征值	解释方差（%）	累计解释方差（%）	特征值	解释方差（%）	累计解释方差（%）
1	8.669	36.121	36.121	8.669	36.121	36.121	4.139	17.248	17.248
2	2.858	11.907	48.028	2.858	11.907	48.028	4.101	17.086	34.334
3	2.482	10.341	58.369	2.482	10.341	58.369	4.064	16.934	51.267
4	2.200	9.167	67.535	2.200	9.167	67.535	3.904	16.268	67.535
5	0.689	2.871	70.406						
6	0.609	2.537	72.943						
7	0.564	2.351	75.294						
8	0.550	2.293	77.587						
9	0.514	2.144	79.731						
10	0.484	2.017	81.748						
11	0.455	1.895	83.643						
12	0.437	1.820	85.462						
13	0.419	1.746	87.208						
14	0.389	1.621	88.829						
15	0.382	1.590	90.419						
16	0.361	1.503	91.921						
17	0.316	1.316	93.238						
18	0.305	1.271	94.509						
19	0.278	1.160	95.668						
20	0.248	1.033	96.701						
21	0.230	0.958	97.659						
22	0.195	0.813	98.472						
23	0.187	0.778	99.250						
24	0.180	0.750	100.000						

在社会科学领域，提取共同因子的累计解释方差如果在50%以上，表明探索性因子分析的结果是可以接受的。根据表2-12，本次分析一共提取出了4个因子，累积的解释方差是67.535%，大于50%，表明服务模块化水平的量表具有较高的构念效度。首个因子能够解释的变异量是36.121%，但不会大于临界值40%，所以也不存在共同方法变异的现象。因此本书所建立的测量量表也是较为合适的。此外，所有题项经过旋转后得出的4个共同因子，和前文理论分析部分的维度划分基本一致。

表2-13探索性因子分析的结果表明，服务业服务模块化水平包含四个维度，分别为：标准化水平、独立性水平、定制化水平和组合性水平。服务模块化水平的正式测量量表包括24个测量题项。

表2-13　　　　　　服务模块化水平初始量表条目旋转成分矩阵

被试条目	因子结构			
	F1	F2	F3	F4
A1	0.804	0.072	0.146	0.100
A2	0.778	0.172	0.143	0.056
A3	0.802	0.082	0.087	0.221
A5	0.783	0.204	0.101	0.109
A6	0.831	0.113	0.096	0.114
A7	0.782	0.181	0.108	0.146
B1	0.158	0.128	0.168	0.722
B3	0.179	0.119	0.102	0.791
B4	0.101	0.125	0.142	0.788
B5	0.107	0.186	0.236	0.761
B6	0.134	0.057	0.210	0.778
B7	0.066	0.273	0.161	0.732

被试条目	因子结构			
	F1	F2	F3	F4
C1	0.216	0.739	0.119	0.153
C3	0.070	0.799	0.187	0.165
C4	0.141	0.764	0.138	0.109
C5	0.165	0.795	0.155	0.191
C7	0.097	0.802	0.147	0.156
C8	0.151	0.792	0.112	0.085
D2	0.101	0.177	0.795	0.138
D3	0.137	0.101	0.809	0.144
D4	0.048	0.105	0.762	0.219
D5	0.097	0.102	0.798	0.176
D6	0.175	0.189	0.753	0.129
D7	0.159	0.208	0.776	0.208
前文维度命名	标准化水平	定制化水平	组合性水平	独立性水平

2.5 验证性因子分析

2.5.1 第二次问卷收集

本书于 2022 年 8 月展开第二次问卷数据收集，对服务业服务模块化水平进行验证性因子分析。鉴于疫情防控的影响，本次调研通过问卷星向金融、物流、医疗和汽车服务业的工作人员和部分管理人员发放问卷。共发放 350 份问卷，对答题时间小于 80 秒和绝大多数选择同一选项的问卷进行删除，共收集到 317 份有效问卷，有效率为 90.5%。其中关于行业占比，15.1% 的企业是金融服务业，37.2% 的企业是物流服务业，18.3% 的企业是汽车服务业，29.3% 的企业是医疗服务业。关于被调查者所处的职位，65% 的被调查者为一般工作人员，26.5% 的被调查者为基层管理人员，6.3% 的被调查者为中层管理者，2.2% 的被调查者为高层管理人员。关于被调查者的年龄，9.5% 在 18～24 岁的年龄范围内，38.8% 在 25～34 岁的年龄范围内，25.9% 在 35～44 岁的年龄范围内，17.4% 在 45～54 岁的年龄范围内，8.5% 的年龄超过 55 岁。关于被调查者的受教育程度，9.5% 的被调查者为高中学历，27.4% 的被调查者为中专/大专学历，54.9% 的被调查者为本科学历，8.2% 的被调查者为硕士及以上学历。关于被调查者所在企业的成立年限，9.5% 的企业年限是 1～5 年，22.4% 的企业年限是 6～10 年，42.9% 的企业年限是 11～15 年，25.2% 的企业年限是 15 年以上。关于企业规模，19.9% 的企业规模是 50 人以下，39.7% 的企业规模是 50～100 人，29% 的企业规模是 100～150 人，11.4% 的企业规模是 150 人及以上。

2.5.2 结构效度分析

首先，检验服务模块化水平的结构效度。如图 2－1 所示，验证性因子分析的结果显示：服务模块化水平四个维度的组合信度（CR）值均大于 0.7，分别对应 0.901、0.893、0.884、0.885；4 个因子的平均提炼方差（AVE）值均高于 0.5 的标准值，分别为 0.604、0.582、0.559、0.561，如表 2－14 所示。服务模块化水平的整体拟合优度结果为：$\chi2/df = 1.144$，$RMSEA = 0.021$，$CFI = 0.991$，$TLI = 0.990$，$IFI =$

0.991。拟合度比较好。

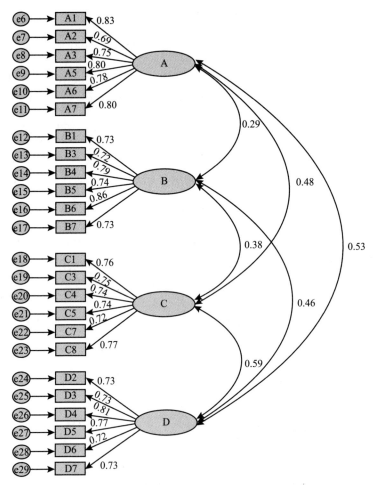

图 2-1　服务模块化水平验证性因子分析结果

表 2-14　　　　　　　　　　　结构模型因子载荷分析

路径			Estimate	AVE	组合信度（CR）
A	<---	A1	0.830	0.604	0.901
A	<---	A2	0.694		

续表

路径			Estimate	AVE	组合信度（CR）
A	<---	A3	0.747		
A	<---	A5	0.802	0.604	0.901
A	<---	A6	0.783		
A	<---	A7	0.798		
B	<---	B1	0.726		
B	<---	B3	0.724		
B	<---	B4	0.794	0.582	0.893
B	<---	B5	0.741		
B	<---	B6	0.856		
B	<---	B7	0.726		
C	<---	C1	0.756		
C	<---	C3	0.749		
C	<---	C4	0.744	0.559	0.884
C	<---	C5	0.741		
C	<---	C7	0.719		
C	<---	C8	0.774		
D	<---	D2	0.730		
D	<---	D3	0.733		
D	<---	D4	0.810		
D	<---	D5	0.775		
D	<---	D6	0.718		
D	<---	D7	0.725	0.561	0.885
D	<---	D3	0.724		
D	<---	D4	0.808		
D	<---	D5	0.772		
D	<---	D6	0.710		
D	<---	D7	0.728		

2.5.3 区分效度

进一步对服务模块化水平的四个结构维度进行区分效度检验，当各维度所对应的 AVE 的平方根大于该维度与其他维度间的标准化系数时，表明各维度之间具有较好的区分效度。如表 2 - 15 所示，标准化水平、独立性水平、定制化水平和组合性水平间相关系数均小于它们所对应的 AVE 的平方根，表明，标准化水平、独立性水平、定制化水平和组合性水平之间存在一定程度的关联，此外，它们之间还存在一定的差异，因此，服务模块化水平的测量量表具有较好的区分效度。

表 2 - 15 服务模块化水平的区分效度检验

项目	标准化水平	独立性水平	定制化水平	组合性水平
标准化水平	0.604			
独立性水平	0.156 ***	0.583		
定制化水平	0.295 ***	0.176 ***	0.559	
组合性水平	0.327 ***	0.213 ***	0.310 ***	0.561
AVE 平方根	0.777	0.763	0.748	0.749

2.5.4 正式量表形成

在量表开发阶段，分别在两个时间段进行问卷调查，总共收集了有效问卷 469 份：将第一次问卷调查收集到的 152 份有效问卷用于初始量表简化和公因子提取，得出具有良好信度的 24 个条目的服务模块化水平修订量表，确定服务模块化水平最终量表；将第二次问卷调查收集到的 317 份数据进行验证性因子分析，检验服务模块化水平量表的内容效度、结构效度、区分效度。经过两次问卷调查的分析与整理，最终得到包括四个维度共 24 个测量题项的正式量表，其中，标准化水平由 6 个题项构成，独立性水平由 6 个题项构成，定制化水平由 6 个题项构成，组合性水平由 6 个题项构成，如表 2 - 16 所示。

表 2 - 16　　　　　　　　　服务模块化水平的正式量表

测量维度	测量题项
标准化水平	各产品模块职能清晰、功能明确
	产品共享通用的产品模块
	产品模块间的互动方式有明确的规定
	流程模块间的交流方式有明确的规定
	流程模块可分为标准子流程和定制子流程
	流程标准化先订购标准化流程，后订购定制子流程
独立性水平	模块内进行工作交接时需要很少的交流
	模块内部组件发生变化时会影响该模块的属性
	标准或依据会因技术条件的变化而相应调整
	服务产品模块进行修改时不需要其他模块的变动
	服务流程步骤和技术变动不影响其他模块
	各组织模块之间有紧密联系，相互依赖性较强
定制化水平	工作人员能够有效获取顾客需求信息
	工作人员可以按照顾客提供差异化的服务
	企业可以将参与度低的流程归并到后台统一处理
	顾客总是在服务过程后提出自己的反馈建议
	在自助设备中，顾客可选择适合自己的服务方案
	顾客能够积极参与设备更新和改进活动
组合性水平	将功能相似的服务产品组合形成新的服务产品
	产品能够根据需要增减一些个性化模块

测量维度	测量题项
组合性水平	有些服务产品需要与其他模块进行合作才能完成
	服务流程可根据市场的需求和总体的目标进行增减
	可以将功能相似的服务流程进行合并处理
	现有的服务流程容易进行组合以形成新的服务流程

2.6 本 章 小 结

本章通过文献梳理和专家访谈进行内容效度评估，得到了立足于服务业的服务模块化水平的初始测量量表。通过两次问卷调查进行项目分析、探索性因子分析、验证性因子分析，两次分析结果表明，服务业服务模块化水平分为四个维度，分别是标准化水平、独立性水平、定制化水平、组合性水平。这些结果与服务模块化水平的定义和服务行业的特点是一致的。量表的有效性测试表明，其可靠性很高。

第三章

服务业服务模块化水平对开放式
创新绩效影响的理论逻辑

3.1 开放式创新绩效

20 世纪 80 年代前，企业的创新模式通常为"封闭式创新"。封闭式创新的实质是封闭的资金供给与有限研发力量的结合，其目的是保证技术保密、独享和垄断，其直接结果是大企业的中央研究机构垄断了行业的大部分创新活动。合作研发是开放式创新产生的重要理论背景。在合作研发兴起之前，企业的研发模式大多遵循单打独斗的模式，随着科技的进步和研究分工的日益精细化，这种创新模式悄然过时，取而代之的是不同主体一起工作，将新的创意成功地进行商业开发（Freeman & Soete，1997；Tidd et al.，2000；Hagedoom，2002）。在知识经济时代，企业仅仅依靠内部的资源进行高成本的创新活动，已经难以适应快速发展的市场需求以及日益激烈的企业竞争。在这种背景下，"开放式创新"正在逐渐成为企业创新的主导模式。开放式创新作为适应多变环境的必要组织变革（Chesbrough，2003），研发风险增大、产品生命周期缩短、经济全球化、市场制度（如知识产权保护、风险投资）等因素推动了其产生和实践应用（Dahlander & Gann，2014）。起初，开放式创新主要集中在开源软件（OSS）的开发上，后来转变为更加普遍的开放式创新实践。迄今为止，关于开放式创新的相关学术研究主要立足于西方国家的企业及产业情境，关于中国企业或产业开放式创新的研究仍处于积累阶段，存在着大量的理论与实证研究机会（Vanhaverbeke et al.，2014；葛秋萍，2011；闫春，2014）。正如克拉伯克和哈格多恩（Kranenburg & Hagedoorn，2008）所指出的，随着产品研发技术的日益复杂和跨学科性的加强，不同类型的大、小企业都无法再像过去一样仅仅通过内部研发来实现自身的发展，企业实施开放式创新，不仅是为了获取创新所需的各种资源和知识，更主要的是想通过更好地嵌入所处网络中以获取新的技术和能力。正是认识到了这一点，切斯布洛（Chesbrough）于2010年提出开放式服务创新，研究开放式创新在服务业的适用性。创新已经成为服务业提升竞争力、应对顾客定制化需求的关键途径，在理论上，运用模块化方法展开服务创新，已经成为重要研究方向（陶颜，2011）。

自加利福尼亚大学汉斯商学院的切斯布洛（2003）提出开放式创新概念与理论之后，皮勒（Piller，2003）、韦斯特和加拉格尔（West & Gallagher，2006）、多赫蒂（Docherty，2006）、亨克尔（Henkel，2006）、里德比特（Leadbeater，2007）、加法尔（Gaffare，2010）、约翰逊和瓦伦（Johnson & Vahlne，2013）、闫春和蔡宁（2014）等对开放式创新理论作了进一步的研究。总的来看，现有研究大多从企业或产业技术创新层面分析了开放式创新绩效的影响因素及测度等问题，却鲜有从服务产业及企业层面分析开放式创新绩效及相关问题的研究。

3.1.1 开放式创新

通常，开放式创新就是指综合利用内外部技术和资源（Hastbacka, 2004；Laursen & Salter, 2006），并且有意识地将企业能力和资源与外部获得的知识和资源整合起来（Gallagher, 2006），从而通过多渠道向市场进行技术转让和技术分派（Hastbacka, 2004）、开发市场机会的过程。在《开放式创新——进行技术创新并从中赢利的新规则》一文中，切斯布洛（2003）指出，有价值的创意有两个商业化路径，企业既可以从组织内部获得有意义的创意，也可以通过与外部组织的合作与交流获得，因此企业进行创新时应该充分发挥和利用外部组织带来的有创造力的知识。从这个层面上讲，开放式创新是指有意识地利用知识的流入与流出来加速企业内部的创新，同时利用外部创新来扩张市场的一种创新模式，其意味着把内部创意和外部创意整合到同一个系统和组织构架中，突出了创新的边界模糊性。自此以后，多名学者提出开放式创新就是指综合利用内外部技术和资源（Hastbacka, 2004；Laursen & Salter, 2006），并且有意识地将企业能力和资源与外部获得的知识和资源整合起来（Gallagher, 2006），从而通过多渠道向市场进行技术转让和技术分派（Hastbacka, 2004），开发市场机会的过程。

关于开放式创新内涵，存在认知观、过程观、战略观、主体观、方向观、技术观、组织观、风险观、系统观、知识资源观与内容观等。认知观视角，开放式创新又被描述为"不仅是特定的创新实践，也是创造、解释和研究这些实践的认知模式"（West et al., 2006）。过程观视角，皮勒等（Piller et al., 2003）从消费者作为合作设计者的角度出发，认为开放式创新是系统地从消费者和使用者那里收集和整合信息来产生、修正或规范创新服务的过程。也有学者指出，开放式创新是通过创新过程中的技术获取和技术开发实现主要技术管理任务的系统方法（Lichtenthaler，2008）。利希滕塔（Lichtenthaler，2009）将开放式创新途径定义为技术获取和技术开发两个方面。战略观视角，开放式创新从最初关注于产品创新，逐渐拓展到管理、服务和商业模式等方面的创新（赵付春、冯臻，2015）。主体观视角，陈劲和陈短芬（2006）则将多个主体纳入开放式创新的创新模式中，鼓励开放式创新相关的利益各方参与，从而吸引更多的创新相关重要元素。方向观视角，开放式创新在这个阶段被广泛定义为由外而内或由内而外的单向创新模式，陈锭芬（2008）将其延伸为双向的过程，指出企业的创新过程是一个双向的过程，既可以利用外部的创新资源和内部资源结合来实现创新，也可以通过向外部输送创新技术或者创新知识，其创新的过程是开放式的，在创新的每个阶段都可以进行双向沟通的一种创新模式。技术观视角，利希滕塔（2008）认为开放式创新是指系统地运用公司内外部的动态能力来解决主要技术管理问题，即创新过程中的技术获取和技术开发行为。组织观视角，切斯布洛和伯格斯（Chesbrough & Bogers，2014）将开放式创新界定为一种基于管理企业边界内外知识流量的，采用与组织商业模式相一致的营利性或非营利性方法的分布式创新过程。风险观视角，企业开放式创新是一个涉及内外部知识双向流动、多样化合作方式、多层次价值实现，以及机遇与风险并存的过程（Chesbrough & Growther，2011；Chesbrough & Appleyard，2012；Johanson & Vahlne，2013）。系统观视角，开放式创新将企业创新视作一个更为开放的系统，从而为企业创新提供了一个包含知识整合、知识转移、知识整合应用以及知识商业化过程的理论框架（West et al.，2014；West & Bogers，2013），企业能够更好地利用现有内外部知识元素的价值以及吸纳更丰富的知识元素，形成以利益相关者以及利益非相关者为基准的多主体参与、多样化价值创造与获取的创新生态系统。知识资源观视角，切斯布洛（2003）认为开放式创新通过有效地利用知识流动来促进创新发展，开放式创新应突破相对封闭的组织边界；王海花等（2012）认为开放式创新是通过外部资源获取和技术商业化的创新过程。内容观视角，陈秋英（2009）延伸了开放式创新，认为创新不仅仅是技术上的，提出了开放式商务模式的创新。

关于开放式创新的国内外现有研究主要包括以下几方面：一是开放式创新的现象研究，认为开放式创新的现象包括商业模式、战略和过程，它们利用"有目的的知识资源流入和流出来加速内部创新，并扩大创新外部使用的市场"（Chesbrough，2006）；组织边界不再封闭，创新性资源可以选择性地流入或流出，企业能够也应该同等地利用外部和内部的创意、市场化路径，促进内部创新和外部技术开发及商业化（Chesbrough，2003）。二是开放式创新的内外部影响因素研究，认为既有企业内部的因素，也有外部因素的影响（Rigby & Zook，2002），这些影响因素主要集中在企业战略、知识管理、开放程度、吸收能力等方面。例如，韦斯特和加拉格尔（West & Gallagher，2006）针对开放源码软件企业创新活动，探讨了如何解决开放式创新中寻找创造性方法来利用内部创新、将外部创新纳入内部发展以及激励外界不断地提供外部创新流等问题。利希滕塔（2014）融合知识管理、吸收能力和动态能力的研究，从一个综合的视角，提出了以开放式创新能力为基础的框架；将"发明、吸收、转换、连接、创新和吸收能力"这六种"知识能力"作为企业的关键能力以管理开放式创新中的内部知识与外部知识。三是关于开放式创新的组织形式探究，指出主要的形式包括战略团队模式（Krogh et al.，2003）、创新合作模式（Chiaromonte，2006）、衍生企业合作模式（Chesbrough，2007；Chesbrough & Garman，2009）、众包模式（Jeff，2009）、跨产业创新模式（Enkel & Gassmann，2010）等。四是关于开放式创新的管理模式研究，认为具有代表性的管理模式包括领先客户学习模式（Reinhard，2006）、跨越功能区协作模式（Lichtenthaler，2007）、创新网络模式（Enkel et al.，2009）。五是对于开放式创新的方式研究，认为开放式创新有两种最主要的创新方式，其一是由内而外进行创新，其二是由外而内进行创新，后来，恩克尔等（Enkel et al.，2009）将这两种创新方式结合起来提出了混合创新的概念。六是开放式创新的框架体系研究，如王帷和曾涛（2011）建立了一个包含价值识别、价值创造与价值获取这三个维度的开放式创新的认知性框架。七是开放式创新的结果及特征研究，包括开放式创新对于企业绩效的研究、开放式创新对于企业自主创新等方面产生影响；郭宇钊（2013）认为，开放式创新具有企业边界的可渗透性、开放式创新的网络动态性和开放式创新的知识共享性的三大特征。八是开放式创新的类别研究，认为有内向型开放式创新、外向型开放式创新（Lichtenthaler，2009）和混合式创新（Enkel et al.，2009）；拉扎罗蒂等（Lazzarotti et al.，2010）从合作者多样性和创新开放程度两个维度对开放式创新进行了细分，包括开放式创新者、封闭式创新者、整合式协作者以及专门化协作者；李文元等（2011）基于过程将开放式创新分为技术获取和技术利用两个层次。九是开放式创新的驱动因素研究，认为发展速度较快、竞争较激烈以及产品复杂性较高的行业特征是企业的驱动因素（Almirall & Casadesus – Masanell，2010）；获取创新收益的经济性因素和进入外部知识网络、联盟或特定市场的非经济因素都是开放式创新的内部驱动因素（Chiaroni et al.，2011）；阿拉尔（Arar，2016）列出了企业实施开放式创新的五个主要驱动因素：头脑风暴、反馈、标杆管理、开放的心态与利益相关者的良好关系。乔基姆·亨克尔（Joachim·Henkel，2014）提出开放式创新往往是由强大的知识产权推动的，当公司有意放弃一些自己的知识产权，它便可以发挥更大的作用。十是开放式创新的过程研究，陈钰芬（2009）认为开放式创新的实施过程可划分为三个阶段：产品创新、工艺创新和平台创新阶段。加斯曼和恩克尔（Gassmann & Enkel，2004）提出了对企业创新性产生影响的开放式创新的三个核心过程：由外到内的过程、由内而外的过程和耦合过程。

切斯布洛在开放式创新概念方面做出了最突出的贡献。虽然越来越多的拥有不同学科背景的学者们开始从不同的角度对开放式创新进行探究（Herskovits et al.，2013），但是开放式创新研究仍主要集中在大企业，特别是高技术行业（Xiao Bao et al.，2013）。开放式创新的内涵不断扩展，研究内容和研究范围也不断深化（夏恩君等，2013；West & Bogers，2014）。

3.1.2　开放式创新绩效

关于开放式创新绩效方面的研究，大部分学者从开放式创新的角度来分析对企业或产业带来的绩效这个角度进行分析，相关的研究成果则集中在开放式创新绩效影响因素及测度两方面。

从企业内外层次看，开放式创新绩效的影响因素归为三类：企业层面的资源、联盟层面的关系及网络层面的结构（江积海、李军，2014）。从商业模式及创新的角度看，开放度与开放式创新绩效之间存在着作用机理，其中，创新导向和商业模式是重要中介变量，创新开放度对开放式创新绩效的影响最终依然以财务指标形式表现的特性（闫春、蔡宁，2014）。从利用组织外部资源的角度看，卡迪拉和哈华（Katila & Ahua，

2012）指出，企业在进行开放式创新时，其吸收创新的程度也是影响开放式创新绩效的因素之一。劳尔森和索尔特（Laursen & Salter，2014）探索了企业在外部创新时的深度及广度并指出，开放度与开放式创新呈倒 U 型曲线关系，然而，其关于开放度的评价手段仍比较简单。站在资本的角度，苏曼特拉和哈里（Sumantra & Harry，2013）的研究表明，越是自主性强、灵活度高的企业组织结构，以及越是丰富的非正式关系资本，企业的创新性越高，创新性绩效也可能越好。赛和戈沙尔（Sai & Ghoshal，2013）采用跟踪研究，证实了企业所拥有的社会关系资本在提高企业创新绩效方面的重要作用。艾哈迈德和马韦迪斯（Ahmed & Marvidis，2013）的研究发现，智力资本与开放式创新绩效之间存在着正相关关系，但是不同的银行间智力资本对开放式创新的影响程度不同。闫春（2014）从组织二元性的角度分析了开放式创新绩效的影响因素指出，虽然探索式创新和开发式创新对企业开放式创新绩效的贡献水平基本相当，可是两者的绩效形成机制却存在较大差异，商业模式则在其中扮演了中介角色，而且两种创新导向内部存在正向的互动促进关系。总的来看，开放式创新绩效受到关系维度、外部创新源维度、企业内部能力维度、保障维度和环境维度五大因素的影响（齐艳，2014）。

在开放式创新模式下，企业获得外部异质性资源，通过内部吸收和组织学习，将外部知识、技术、信息资源转化为自身的创新能力，进而获取创新绩效。创新绩效是一个多维度的构念（Rothaermel & Alexandre，2008；Cheng & Huizingh，2010）。目前，衡量企业绩效的常用指标是财务类指标。但是，仅仅从财务角度测量创新绩效也会面临数据真实性的挑战（Venkatraman & Ramanujam，2014；马庆国，2002）。为此，劳尔森和索尔特（Laursen & Salter，2006）提出，创新开放广度与创新开放深度两个指标作为测量开放式创新绩效的补充。国内外普遍认可的创新绩效指标主要包括新产品销售、新产品开发成本、专利数量和销售增长率（Knudsen M P & Mortensen T B，2011）。岳鹄等（2018）则认为开放式创新绩效应由新产品开发速度、新产品开发成本、新产品数量、专利申请数、创新项目的成功率五个维度来测量。衡量开放式创新绩效无疑应是多维度的，包括更低的成本、更短的上市时间、更大的销量、创新的数量、财务收益或者非财务收益（江积海，2012），也可以包括软性或者中间性的收益，比如获取新市场、提升技术水平或者核心竞争力等开放式创新引起的连锁效应或长期的战略绩效（Lichtenthaler & Ernst，2009），还可以用创新能力发展、技术能力发展、盈利能力发展及长期技术关系四个维度进行评价（于惊涛，2014）。开放式创新主要是通过获取市场信息资源和技术资源，以弥补企业内部创新资源的不足，进而提高创新绩效（江积海，2012），因而市场信息资源和技术资源两个维度是创新绩效的有益补充。相反，威格特（Weigelt，2009）针对银行业的实证研究却发现通过外包获得新技术对绩效具有消极影响。归纳起来，可以把开放式创新绩效划分为开放式创新财务绩效、开放式创新战略绩效两大维度，前者主要由显性财务绩效和隐性财务绩效衡量，后者主要由创新潜力、创新环境、创新管理和管理创新衡量（闫春、蔡宁，2014）。同时，也可以用产业创新绩效和经济财务绩效来测量开放式创新绩效，产业创新绩效指的是新产品或服务的开发，它操作性地规定了创新引入量化考核指标（Trigo & Vence，2012）。一些学者把引入市场的创新称为根本性的产业创新绩效，引入企业的创新则是渐进性的产业创新绩效（Nieto & Santamaria，2007）。还有一些学者用专利数（Belussi et al.，2010）或专利引用量（Messen，2011）测量产业创新绩效。经济财务绩效指的是创新过程的经济影响。它的测量方法主要是来自根本性创新的营业额（Kohler et al.，2012）或来自渐进型创新的营业额（Kohler et al. , 2012）。

学术界对于开放式创新绩效这一理念的研究起源于技术密集型产业，正因如此，对开放式创新进行的研究也大多是立足于高新技术行业。例如，国外的切斯布洛就以高技术密集企业国际商业机器公司（IBM）、英特尔（Intel）、施乐、朗讯等作为开放式创新的研究背景，也以壳牌化学、惠普和飞利浦等企业作为开放式创新的研究样本；国内赵晓庆对华为、长虹、海尔等国内知名高技术密集企业进行了开放式创新研究。至于服务产业的开放式创新及其绩效问题，学者们很少关注。在制造型服务和服务产业兴起的背景下，这一被忽视的问题具有较大的理论及实践价值。

3.2 服务业服务模块化对开放式
创新绩效的影响

3.2.1 服务业服务模块化的内生维度

从模块化的本质出发，服务模块化是一种由模块特征、架构特征和体验特征所表征的潜因子型构成的多维概念，这三个特征在服务模块化框架内分别是整体，单个模块和顾客体验三方面的抽象内涵，具体到服务模块化在产业的应用中时由标准界面、松散耦合性和服务定制化三个方面构成，如表3-1所示。

表 3 - 1   服务模块化内生维度基本性质

内生维度	特征	属性	构成
标准界面	构架特征	标准性	契约或者平台
松散耦合关系	模块特征	独立性	模块替换和组合
服务定制化	体验特征	多样性	体验和反馈

1. 构架特征：标准界面

标准界面是服务模块化的内生维度之一。标准界面是系统不同模块之间接触方式和交互机制的综合表现形式，标准界面里模块之间的信息交流通过业务交易，知识共享和信息传递来实现，在这种交互的作用下知识共享和转移更容易实现，从而以更低的成本完成知识创新，同时由于标准界面能够协同界面内部模块成员之间的组合交互与沟通，因而能够更好地完成成本控制。蒂瓦纳（Tiwana，2008）认为统一标准的界面，能够有效地减少外部系统与发包商的相互依赖关系。萨贝尔（Sabel，2004）指出在标准界面下，存在着使整个模块系统之间无限创新的潜力和动机。桑切斯（Sanchez，1996）认为标准化的模块界面设定能够对外部企业产生很大的吸引并以此借助模块化优势实现低成本创新。陈（Chen，2005）从模块化的界面协调角度，论证了模块化对创新的作用，并建立了模块化创新的界面战略矩阵，并得出结论：系统的模块化程度其实就是界面的标准化程度的度量。因此，标准界面的设定在某种程度决定了模块化中模块的实际价值，没有一个标准的界面，各个模块之间无法形成有效的信息与技术沟通，无法达到模块化所能达到的低成本创新和价值传递。

2. 关系特征：松散耦合

松散耦合关系也是服务模块化的内生要素之一。松散耦合关系是模块之间介于受控与不受控状态中间的一种特殊关系，这种关系主要呈现出模块之间的依赖性、独立性、灵活性和高效性，奥尔顿（Orton，1990）认为，耦合是组织松耦合向紧耦合延伸的一维度量，这种度量好比是一把尺子，能够对其进程量化。当模块整体掩盖了模块的各部分特征时，该模块是紧密耦合的；当各部分特征无法表征模块的整体特征时，该模块是非耦合的。王建安（2008）认为，松与紧是对耦合的分类，而真正与紧耦合相对的本来应该是无耦合，松耦合只是中间状态。但是，无耦合的组织并不是真正的组织，所以只能把模块化组织对应于松耦合的组织，而不能对应于无耦合组织。布鲁苏尼（Brusuni，2001）将耦合关系分为独立性和响应性两个维度进行分析，并认为独立性确保了模块的独立运行能力，响应性则是这种耦合关系的特殊作用途径。松散耦合决定了服务要素间互相影响和依赖程度的程度，它是结构化的结合体。松散耦合的特性也决定了模块化系统内部成员之间独立自主创新和保持主模块整体性的可能性。

3. 体验特征：服务定制化

服务定制化是服务模块化第三个内生要素。德鲁克（Drucker）指出，激烈的市场竞争导致产品生命周期越来越短，传统的服务生产结构却没能解决这个问题。在顾客需求迅速变化、国际竞争日趋激烈的市场环境下，单个企业"已经没有这种时间"来消化技术了，而模块化模式有利于"速度经济"优势的发挥。借助模块化独立性和半自律性特点，模块化系统能够强化自身的定制化服务生产能力，降低自身的创新风险，并能够对多元的市场需求做出快速的响应，使得整个组织机体更具消费引导能力，极大地满足了消费者的多样化需求。因此，极大地满足消费者定制化需求，是服务模块化的显著特征之一。

通过标准界面设定，模块间松散耦合关系，服务定制化三者代表着服务模块化的三个内生维度，是表征服务模块化的重要变量，也是下文中对服务模块化进行测量的重要因子。

3.2.2 服务业服务模块化的外生维度

弗雷德里克松（Frederickson，2006）提出了在模块化过程中，必然包含着产品、流程和组织三个维度的模块化进程。佩卡里宁（Pekkarinen，2008）通过医疗服务业也证明了服务业模块化是通过产品、组织和流程三个方面的模块化来提高效率的。本书认为：组织是服务模块化在广义层面的模块化对象，而产品和流程则是技术层面狭义的模块化对象。无论是广义层面还是狭义层面，服务组织模块化是服务产品模块化和服务流程模块化在构成上的延伸，三者在"镜面假设"的前提下不断趋向于两个维度，即构架维和关系维，构架维是三者的存在形态，而关系维是三者能够模块化的关键。因此本书认为：在某种意义上，三者是一个系统内部并存着的并列关系，是服务模块化在构架维和关系维中基于模块化对象的不同为功能区分和提高适用性而产生的三个外生维度。

1. 产品模块化

一般来说，产品模块化是在服务系统框架内通过一定规则联结从而实现服务功能，这种产品构架具有极高的稳定性，在产品的服务周期内一般都不会大幅更改，从功能特点和标准界面的特征来看，产品的构建是由集成化构架和模块化构架两个方面组成的，在集成化构架下，产品形成了一种紧耦合关系，且界面比较模糊难以实现分解重组。而在模块化构架时，模块化所特有的松散耦合结构能够轻易地按照顶层规则实现拆解和重组。

生命周期理论认为，产品的模块化水平在产品价值周期内是不断变化的，当模块化水平超过平均水平时，就会形呈现模块化特点。具体而言，在产品经历构架设计、规模生产、价值损耗和价值枯竭四个阶段过程中，其实是产品模块化的四个动态目的的演化，也即在构架设计过程中，模块化是为了在原有产品的性能上强化设计和功能，以便能够适应市场需求；规模生产的过程中服务产品的模块化是为了方便大规模制造、采购和集成；而在价值损耗过程中，是为了质量可靠，容易维护和简单好用；最后当产品的价值枯竭的时候，模块化的目的就变成了容易分解和容易回收。

2. 流程模块化

流程模块化是在服务流程被分解为一个个独立的流程子模块的过程中，通过重新设计规则界面，使得所有流程子模块能够重新构建一个新的适应性更强的松散耦合结构流程的过程。

一般而言服务流程的模块化需要一个条件：服务流程之间的关系应该是明确的，得符合模块化之间的松散耦合关系。并且这种流程的模块化分解必须是基于已有的流程功能在界面规则下的修改。对于流程模块化的特点本书总结个三点：一是流程模块化的目的是分解服务流程，以便重新组合，因此流程模块化必须是基本流程单位的模块化，而且会因为定制化的出现而改变；二是流程标准先于流程模块化出现，定制化主导流程模块化的进行；三是流程模块化的定制是可推迟的，并且这种推迟允许流程子模块进入流通市场获得柔性。

3. 组织模块化

现有的组织模块化理论比较完善，主要从内部和外部两种组织性质进行分析。内部组织的模块化是一种基于组织系统内部的松散耦合性而进行的组织职能变更，这种变更不会影响组织整体的协同运作。这种模块化具有两个特点：第一，这些被模块化的组织是一种具有特定功能、责任和资源的动态共同体，在外部环境或者制度发生改变时，企业可以通过动态调整组织模块的功能来实现快速响应；第二，这种以单个组织为模块的划分方式可以极大地促进组织的学习能力，这种能力会诱发组织持续吸收组织之外流动的知识，以便在实现组织基本职能的前提下更好地完成与组织模块整体的对接。

外部组织模块是在内部组织模块化理论的基础上提出的，一般来讲外部组织模块化是指一体化企业的垂直分解，并在企业间产生网状组织形式的过程。这种模块化是一种基于工业时代层级组织下，为了适应大规模生产向大规模定制而出现的，是产业组织变革中的重要阶段。

3.2.3 服务业服务模块化创新的过程

现在的服务模块化创新过程多数集中在制造业，针对服务业进行探讨的研究还不多见，亨德森（Henderson，1990）认为服务模块化的价值创造过程分为两个部分：一是清晰的界面设定和服务模块之间的结构关系组合，也就是构架创新；二是通过模块之间较低的依赖关系，达到服务创新的目的。朗格卢瓦（Langlois，2002）则认为在服务模块化的价值创造过程中存在服务模块的分解和集成两个部分。乌尔里希（Ulrich，1995）认为服务模块化的价值创造应该分四步，分别是概念创造、顶层设计、细节构造和调试。桑切斯（Sanchez，1999）提出了服务模块化的三维（3D）模型，即定义、设计和开发。首先，模块设计者需要通过对服务元素进行定义，以此来界定其在服务体系中的功能特性，这种界定可以决定是否将其特性提取出来，适当地添加在模块化的整体构架之中以适应多样化需求。其次，服务系统的构架是整个服务系统模块化成功的关键，通过服务元素的合理设计可以肢解整个构架，以期能够详细地界定构架之中各个系统之间的关系，并将其标准化。最后，经过标准化之后服务构架里的服务元素可以以组件的形式被开发出来。米考拉（Mikkola，2007）认为服务模块化的关键在于服务平台的设计，也就是服务构架的设计，然后进行服务元素的标准化界定从而完成大规模定制。迈耶（Meyer，2001）通过再保险业务的分析发现：再保险业务解决方案中的平台搭建是一种将保险知识编码并与精算技巧结合的服务模块。角等（Jiao et al.，2003）提出大规模定制的服务系统设计有三个步骤：第一步需要明确消费者的消费需求，这就要求服务企业能够将顾客的消费需求进行层级式划分，以达到明确界定的目的。第二步要求服务企业能够在系统中选择那些能够保持相对稳定的服务结构。第三步需要服务企业能够不断完善服务流程中有关的设备调试、人员培训等。

相对于成熟的制造业模块化来说，服务的三性（无形性、同步性和异质性），让服务模块化的价值创造过程变得十分抽象，在服务模块化理论运用比较多的金融和 IT 业相关的研究比较少见，主要是因为知识产权的保护使得服务系统的顶层设计和服务模块设计方法难以被挖掘。

由图 3-1 可以看到，服务模块化的价值创造是一种由顶层到底层的创新过程，在完成服务模块化的同时也就完成了服务分解和服务集成。在市场服务需求或者服务反馈的基础上，服务系统开发商需要对服务的顶层进行设计或者对原有的服务系统进行改进，前者是构造服务平台，后者是组合服务模块。通过前者，顶层设计者可以规划服务过程中能够进行模块化的元素，并为此打造专属的服务接口，从而形成一个个松耦合的弱关系结构，并在服务体验的试错与反馈中进入后者的调试过程。后者则不考虑构架问题，而专攻服务模块的创新问题，通过标准界面协调以进行单个模块的独立创新和整体系统的协调创新。

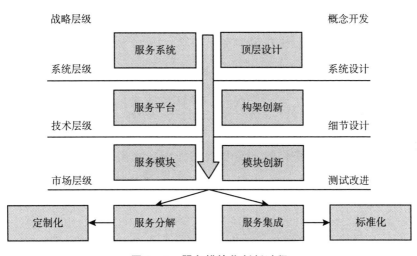

图 3-1 服务模块化创新过程

在服务产业内容不断丰富的今天，服务与制造的产业界限开始变得十分模糊，传统的制造业开始与新兴服务业彼此交融，这种交融在一定程度上导致制造业在某些方面往往都带有服务元素，而服务业也离不开制造业的支持，因此在研究服务模块化的时候，往往带有模块化的影子。服务模块化作为一种模块化在服务系统中的具体表现，与模块化有着千丝万缕的关系，或者说服务模块化是在模块化的基础上发展起来的，服务模块化的内生属性在一定程度就带有模块化的特点，但是在模块化的层面上有了专属的服务特点。

模块化的两个内生属性，标准界面和松散耦合关系是能够迁移到服务模块化上的，但是由于服务模块化的体验特征，即服务的生产与体验的同步性，于是服务模块化又有了与一般模块化不同的地方，服务的模块化有可能和顶层设计保持时间上的一致甚至提前，这和一般的模块化不一致，因此使得服务模块化就带有了定制化的先验性，于是本书加入了服务定制化作为服务模块化的第三个内生属性，这样就组成了服务模块化的三个内生维度，即标准界面、松散耦合和服务定制化。

同时，由于服务模块化的对象是服务产业或者其他产业中的服务元素，这些服务元素往往表征着三个维度，即产品、流程和组织，这三者是服务模块化在产业中不同层次的一般存在形式，这样就组成了服务模块化的三个外生维度。

因此，从服务模块化的本质要素和表现形式出发，通过外生维度和内生维度分析服务模块化是如何通过两个维度六个方面影响价值创造的。

3.2.4 服务业服务模块化对开放式创新绩效的影响

服务模块化作为一种新型的服务业创新形态，它对价值创造的影响目前有着不同的观点，学术界对于这种影响的研究一般都是在制造业模块化原理的基础上进行了概念迁移和改进，那么服务模块化能否带来价值创造的提升？如果能够提升，这种提升是通过哪些方面实现的？

米奥佐和格里姆肖（Miozzo & Grimshaw，2005）分析了IT服务模块化创新与外包问题，认为服务模块通过外包的方式可以使得企业的价值创造有所提升。桑切斯和马奥尼（Sanchez & Mahoney，1996）认为服务流程模块化可以降低创新成本从而提高价值创造。塞门松（Saemunds-son，2005）以 IT 服务业为研究对象，发现服务企业的模块化创新行为，在一些交易费用比较低的地方创造了一些新的交叉边界。这些服务模块之间的边界为竞争者提供了切入点和突破点。罗德里格斯和阿曼达（Rodrigues & Amanda，2007）的观点也证明模块化确实能带来较高的创新价值。山伯（Sundbo，1994）认为模块化有利于服务企业利用外部资源进行服务创新。扬达尔（Youngdahl，2011）认为运用模块化方法进行服务创新，有利于企业间的服务协作规则的制定和经验知识的传递，减少服务创新过程的风险与不确定性，降低交易成本。杨晨（2013）认为模块化分工可以提高专利化服务程度，提高服务效率，可以实现模块调节、修正，满足服务对象的多元化需求；而模块化集成可以减少不必要的费用，优化服务链条，提升服务效果，可以依赖沟通协调平台，支持实现各模块主体协同创新。服务模块化存在促进价值创造提升的具体路径。郝斌（2011）总结了服务模块化企业创新机制的三大转变，包括组织学习的开放化与知识整合的标准化、架构创新与模块创新的主体分离、模块化成员企业之间的创新淘汰赛；以吸收能力为中介变量，引入外生关系网络与制度环境的影响，建立了服务模块化创新的理论模型。陶颜（2008）通过对金融服务业的实证分析，提出了"服务模块化—战略柔性—价值创造"的链式反应，并认为服务模块化通过提升组织战略柔性增加模块创新活力从而影响企业价值创造。然而，服务模块化对于价值创造提升的关键因素目前尚无明确的统一结论。

1. 标准界面对价值创造的影响

（1）业务融合。标准界面下模块之间的相互协作实际上是一种能力互补与资源互补，它高于一般供应链的资源整合，是一种更加效率的知识与资源重组方式，体现了标准界面在产业布局上的柔和性和关联性。由于能力与资源的互补只是一种协作方式，无法应对标准界面的复杂产业环境，最终这种协同与协作会以平台的方式呈现，这种方式是标准界面在产业内部最高等级的合作方式，意味着界面内部所有模块成员都保持了长久而固定的契约关系或者联盟关系，如图 3 - 2 所示。

图 3 - 2　标准界面演进过程

新经济地理学认为，在大规模生产不断发展的时代，为了降低运输成本，实现规模报酬递增，提高创新型产业的创新价值，必然会出现以核心行业为中心的行业融合现象。依托于此，服务产业由传统的单对单组织结构向单对多和多对多的组织结构演进，最终形成服务产业的标准化平台。由于文化创意产业属于价值链顶端的高价值增值型产业，在整个庞大的产业网络里处于核心地带，在产业发展不断推进的过程中，巨大的价值会驱动文化产业链上越来越多的相关企业进入该网络，使得文化企业与上下游的企业进行频繁的技术与资源上的共享与结合，从而形成了产业结构上的初始融合和交叉，随着新技术与先进科技在文化创意产业上的大量应用，投资越加庞大，伴随而来的是大量金融机构、创新人才、培训机构和技术市场的加入，为了降低产业在创新上的风险，提高全新技术的使用，更加快速地响应市场需求，这些企业与企业、企业与客户、企业与中介之间越加需求一种更加便捷的产业形态以提高价值创造。

业务交叉融合作为标准界面在产业中存在的一种交互形式，具有以下几种特征：首先，标准界面实现了在一定区域内的知识、经验、信息、技术、平台、基础设施和劳动力的共享；其次，行业内外的各个企业之间能够更加便捷地在彼此之间进行资源的流动与互换；最后，由于融合后企业之间拥有更好的互信与互惠基础，会带来更加明显的规模经济优势，整个模块化系统的价值创造提高了。

（2）标准界面下的"潜竞争"。因为所属的功能区间和服务类型不同，服务系统中主导模块调配下的不同模块之间，在技术、成本、创新效率和生产成本等方面一般不存在可比性。但是这指的是寻常意义里市场竞争中的可比性，事实上，在标准界面下的每个模块成员，彼此之间拥有一种"潜在竞争"。这种潜竞争会导致每个模块必须不断提高其创新能力。

"潜竞争"不同于一般意义上的竞争，这是一种协同效应下的适应性竞争。这种竞争并不是在技术、服务或者产品层面的竞争，而是在非利益层面的一种竞争，在模块化创新不断加速的过程中，每个创新活动都在标准界面下协调进行，这种协调能够为整个服务系统的整体运作提供稳定的环境。但是由于同质模块之间的创新竞争以及模块化所特有的可替换性，导致每个模块都在协同的大环境下不断改进自己的功能，这种改进一方面会带来主导规则的变更，另一方面会带来技术层面的革新，如图3-3所示。这样的变革和革新必然会带来一个现实，即如果有一个模块成员完成了这种创新活动，主导规则会因此而做出改变，这时每个模块成员都必须为这种改变而改变，创新活动落后的成员模块通过紧跟着规则改变而进行的创新活动来提高自己在服务系统中的适应性，这种"牵一发而动全身"的创新效果是一种基于单个模块的创新而进行的"被迫"的创新活动，虽然这种创新活动的动力并非来自直接的竞争关系，但是其所带来的后果实际上是类似于竞争的"潜竞争"效果。这种"潜竞争"效果会导致各个模块为了适应标准界面的规则调整而进行频繁的创新活动，这种频繁的创新活动会提高整个服务系统的价值创造。

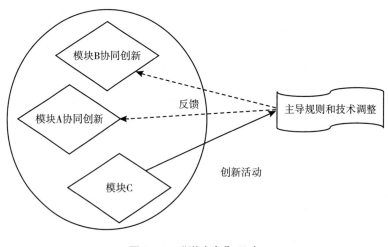

图 3-3 "潜竞争"示意

（3）标准界面的通用性。标准界面的通用性会促使外部竞争者复制系统内部构架从而倒逼内部系统提高自己的价值创造。设定标准化界面能够将各个模块的生产功能隔离开来，从而实现独立的价值创造，降低了各个模块之间因为知识与信息互换而产生的额外风险和成本。标准界面下的成员模块相互依存，通过频繁的知识交流和合理的资源分配协同进化，这种依存关系会强化彼此的信任度，使得系统创造的价值远远大于单个模块所创造的价值之和，也就代表了模块之间产生了固定的共生关系，在标准界面下，企业之间因为共生关系，相互吸引、相互依赖、相互信任进而完成了一种以能力和关系为根本的共生系统并融合在一起。

这种关系在顶层设计的不断调试中会日臻完善，成为某个行业所特有的模块化布局，由于服务系统本身的可复制性，当一个服务系统内部核心模块的功能无法达到较强的独立性和差异性时，这种复制往往变得十分简单，在这种时候外部竞争者对于这种复制的钟爱往往比开发要大得多。因此，标准界面的这种可复制性，往往需要核心模块的专属差异性功能去抵消掉。这就要求顶层设计者在构架整个服务系统的时候，必须要考虑到核心模块的差异性层次，而模块的局部创新则是解决这种问题的关键。

通过核心模块的局部创新，可以完善其在标准界面下的功能特性，使得外部复制者即使复制了标准界面的构架，也往往无法激活整个服务系统的运作活力。比如服务人员个体所特有的感染力、领悟力和应变力，往往是人力资源模块中最核心的竞争力，在服务系统中这种能力会给整个服务体验带来质变。这就要求服务系统在培养服务人才的时候不断突破创新，使之产生差异性，以杜绝外部竞争者的复制行为，因此很多企业在人才培养过程中除了有业务流程、实务练习方面的培训之外还会特别注重员工对企业文化的关注，企业文化就是一种难以复制的核心竞争力。

2. 松散耦合关系对价值创造的影响

（1）创新淘汰赛机制。松散耦合关系带来了模块间的创新淘汰赛。创新淘汰赛可以促使服务模块之间陷入创新竞赛从而提高价值创造。通过将服务分解为一个个独立模块，以及对模块之间关系的界定和接口的科学设计，消费者在使用时可以减少对产品性能的摸索，提升对产品的利用性。由于服务行业本身的可分解性，可以在两个主模块上进一步细化，使得整个服务流程被分解成若干个小模块，这种在内部实现的服务模块化划分，可以引发相关同质模块对于创新活动的竞争式探索。

由于单一模块在创新技术的应用上具有不确定性，在资源的利用上无法获得充分的信息以实现资源利用最大化，因此模块企业会去寻求合作以改变这种状态，然而企业之间合作时的紧密结构往往带来较高的合作成本，并因此导致合作契约或者联盟无法有效而充分地实现。创新活动的高风险性、需求动态性和虚拟性要求产业内部的模块元素之间需要一种拥有较高灵活性、独立性的合作关系，这是一种松散的却又不完全脱离的特殊关系，这种松散的耦合关系能够降低模块成员之间的机会主义风险，使得模块成员之间以一种创新淘汰赛的形式展开竞争，如图 3 - 4 所示，由于松散耦合关系所带来的即插即用性，这种竞争不会影响整个系统的运作，能够在平衡产业内部成员的个体利益的前提下充分地发掘

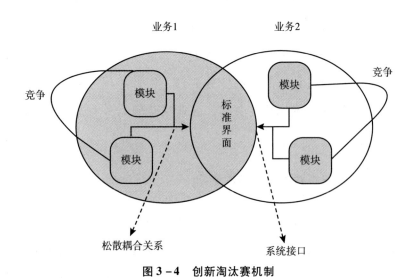

图 3 - 4 创新淘汰赛机制

整个产业园区的整体绩效，延展了创新体系的可扩充性和普适性来提高价值创造，每个模块往往不仅在一个创新系统里运作，而且松散耦合关系还能够提升模块成员的重复利用性。

对于松散耦合传递的内容，学术界提出了两种比较典型的观点：一是模块单元通过松散耦合关系实现信息交换和资源互补，包括契约和任务信息，也包括产品和资源价值信息；二是松散耦合关系传递的是非工作信息，是一种互动关系信息。本书采纳第一种结论，即模块成员之间交换的信息通常具有不确定性和非显性，且关键信息往往在核心模块里，因此一般的信息交流方式往往无法通过普通接口技术来实现。

（2）吸收能力。松散耦合关系降低了模块间的知识壁垒，提高模块知识吸收能力，从而提高价值创造。服务产业的模块化是一种旗舰集群式的模块化关系网络，表现为在一个服务系统中，多个主导企业在资源分配和信息争夺上的竞争和匹配。模块化关系网络为模块网络中的各个企业提供了一个通用平台，通过这个平台，企业可以免费获得和学习所需知识。模块化网络企业间知识吸收的本质在于产品内分工深化引起的企业能力生成和价值生成的分离，能力的生成在企业边界以内，而价值生成则在企业边界以外。

实际上，通过模块化关系网络，以创意模块的核心知识为中心，各个模块企业间能够有效地进行知识传递并完成企业的合作创新，由于创新活动本身的高风险性，需要以模块化为特征的网络结构为其降低创新成本并提高系统柔性降低创新风险，这是模块化创新的精髓。在这种网络组织形式下，拥有较多的平行关系的企业需要不断开拓创新与知识传递以保证在竞争中保持优势，如果企业能够有效地汲取高附加值知识且开发出符合市场需要的标准模块，由于模块化关系网络较强的适应性与组合性，模块化网络中的企业能够不断更新自己的知识储备，并以市场的需求变化为主导改进模块化功能，提高产品的多样性，满足消费者不同的消费需求从而优化自身的创新效果。

每家企业都有自身专属的业务与知识，这些企业的共生关系会带来大量合作的价值盈余，从而为企业之间学习交流提供了动力，虽然这种模块化企业的学习是不定向且开放的，但是模块系统的设计者能够整合这些来自各行各业不同类型的知识，从而使得每个模块化业务都能够吸纳大量知识和经验，而不用付出高额成本进行专门学习，这些知识在各自的业务体系内不断流动和积累，通过这种积累产生的知识溢出大大加速了成员企业之间的知识互换，强化各个企业之间的合作意识。

由于核心模块所掌握的技术在整个网络中的主导作用，因此这个网络会围绕核心模块形成比一般的产业组织或集群更加独特的伙伴关系，即松散耦合关系。这种关系可能通过企业沙龙或者企业协会的方式出现，也可能以企业并购或者重组的方式出现。在这个以核心模块为中心的模块化关系网络中，知识与信息以一种更加便捷的方式呈现，即使是那些难以传递的经验和专有知识，也会被标准界面解读成为共有的显性知识被分享从而加速知识溢出。松散耦合关系缔造了模块化关系网络，以强化模块知识的传递，降低解读非显性知识成本为基础，囊括了在标准界面下包括设计工作室、供应商、分销商、制造商，甚至是产业边缘的其他部分在内的所有关系。这种关系使得企业获得知识的方式更加便捷，促进了模块化成员的知识吸收。

（3）服务外包。服务外包会带来价值创造的提升。服务外包是在维持原产出不变的前提下，服务系统与模块供应商之间在协议标准、成本预算和制度环境的影响下，将自身系统内部的服务模块设计或制造转移给外部组织承担。依据服务类型的不同，可以划分为业务项目服务外包

（BPO）和信息技术服务外包（ITO）。

在基于模块化设计中所特有的松散耦合关系的连接下，服务元素之间由传统的紧密连接变成了一种耦合结构，这种耦合结构强化了模块之间的可替换性，正是因为这种可替换性，导致了服务模块化系统中拥有着比一般紧密结构更为广泛的服务外包现象，如图 3 - 5 所示。在经过模块化划分后，服务系统变成了独立功能与特性的服务模块，基于服务本身的消费与供给二重性的特点，服务提供者可以通过模块开发商来构建自身服务系统功能的完善，这样不仅可以节约模块生产和制作的成本，还能够直接享有外部专业知识和收益。这种收益体现在：第一，服务体系设计者可以将资源集中于核心模块的研发和制造，从而提高专业化知识的利用率，而不必分心于一般模块，在模块研发过程中自身知识的利用如果达到了创新知识溢出临界值时，就会产生对于核心模块在功能和效果上的改进，这是一种基于自身服务功能上的创新。第二，这种服务外包可以极大地降低产制成本并减少资源的浪费，由此产生的成本结余可以用于服务体系的进一步改进。第三，能够在维持自身知识资源的前提下极大地享用外部资源的成果，外部资源的分享会带来关系租金，这样就会激发整个服务系统的模块化效率，从而导致更加深度的创新活动进行。第四，大规模的服务外包产生了规模制造的效果，能够获得模块制造商之间的竞争利益。这种竞争会激发模块开发商的创新活力，在基于服务系统的整体构架下，对于模块接口的清晰界定能够确保模块创新在系统的协同创新中保持同步。

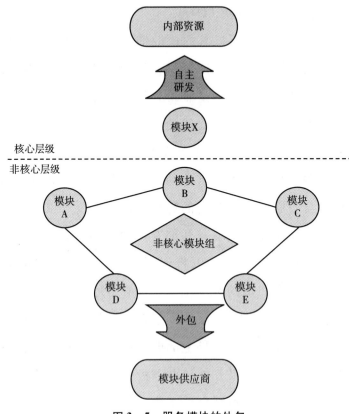

图 3 - 5 服务模块的外包

3. 服务定制化对价值创造的影响

服务定制化会加速创新过程从而提高价值创造。定制化是一种为了满足单一消费者的消费需求而进行的特定创新过程，创新的目的在于生产出特殊化服务产品，在这个过程中往往不能同时达到标准化和规模化的高效低耗的目的。为了提高效率节约成本，很多服务行业特别是金融服务和通信服务业进行了服务的模块化尝试并且取得了成功，这是一种介于标准化和定制化之间的特殊服务方式，伴随着大量信息通信技术的应用，现代服务业特别是除了成功运用服务模块化的金融和通信服务业之外的服务行业在满足了生产效率的同时开始考虑在标准化生产下提供一定程度的定制化服务，越来越多的服务产业开始在设计和提供服务产品的时候更多地运用了模块化的思想。由于现代服务供应商与客户之间的信息沟通越来越普遍，也越来越便捷，以往的信息交流所需的成本降低，因此客户越来越多地出现在了服务设计的过程中，特别是在文化创意产业服务提供的过程中，文化企业开始越来越注重服务质量与社会效益，服务的流程和服务产品会伴随着客户的服务反馈不断地修正和创新，这是一种非企业主导的主观评价，这种评价会带来服务过程中一定程度定制化服务出现。

这些定制化服务的过程一般存在三种创新：一是针对服务市场的需求创新，在合理而有效的市场调查和反馈的前提下对服务需求进行的差异化需求创新；二是在提出新的服务概念后对服务结构和界面进行的构架创新；三是针对服务概念所要求的服务功能和形式进行的性能创新，如图 3-6 所示。由于服务定制的主体是顾客，在服务从设计、构架到体验的过程中，服务定制的核心是顾客的反馈，在顾客反馈的前提下服务模块化通过不断的调整和试错模块性能和整体构架来纠正自己的创新内容，因此服务定制需要针对不同的群体进行，这样一是可以集中模块资源进行单一群体的需求创新，二是可以实现大规模定制的效果。通过定制的群体分类，服务定制化对价值创造产生不同的影响。

（1）产品定制化。当服务产品被推向市场时，往往不会以单一的形式存在，通常会配合多种组合或者套餐，这一点在通信服务业和软件服务业往往最为常见，在文化创意产业领域，某些文化旅游服务通过推出不同线路、不同住宿条件、不同旅游方式的组合来满足各种消费者不同的个性化需求，这是一种针对文化创意产业领域服务产品的定制化服务。这种产品定制化会依据服务产品设计而出现模块化，再依据自有的模块化属性，重新组合以提供新的服务功能和体验，这样可以极大满足差异化需求，因此会提高价值创造。

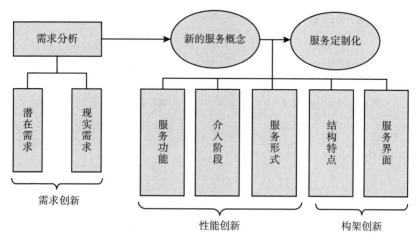

图 3 - 6　服务定制化的过程

（2）专门定制化。有些定制化服务主要针对特征比较明显的服务行业和服务族群，比如一些具有特殊需求的大集团客户或者某一行业的客户群体。这时服务产品和服务体验往往带有很强的集团性和个性化需求，这是一种专门化定制，比如迪斯尼乐园的整体设计参考了 3000 名 10～20 岁少年儿童的建议，这种参考特定年龄段的行为使定制化服务创新模式能够充分发掘产业内部的资源利用率，提升服务质量和效率。但是专门定制化并不能提高所有服务群体的满意度，这是特定环境下提高服务满意度的一种方式，是服务模块化在功能调试中"偏爱"的体现。

（3）市场定制化。在定制化服务过程中，从新服务开发设计到服务项目的大面积推广，要求服务供应商和消费者之间保持频繁的信息交互，以期以最低的成本更好地掌握消费者的消费需求，从而为服务创新指明方向。定制化创新过程不需要很强的组织性和系统性，在松散耦合关系下通过组合创新和自主创新满足个体需求。这是一种新型的创新过程，通过对产品的组合、专门化群体的分析和市场的准确解读，企业能够利用服务模块化所特有的优势进行高效低耗的创新活动。这就需要模块开发者能够准确地掌握市场脉搏，明确市场需求什么创新，需求多大程度的创新以及怎样完成这些创新。在明确界定市场的走向后，服务模块化在其独特的柔性和试错性的支持下，能够展现出极强的生命力，这种生命力是服务模块灵活性、独立性和创新性的综合体现，往往会带来很强的产业创新效果从而提高价值创造。

4. 服务产品模块化对价值创造的影响

（1）期权价值。服务产品模块化创造了期权价值从而为提高价值创造奠定了基础。服务产品的模块化是指服务型企业依据已有的界面规则将服务产品分解为一个个模块产品，再依据新的规则界面将分解后的服务产品重新组合，以便其拥有符合市场需要的服务功能。在集成化的产品设计中，服务产品是不存在模块化分割的概念，因为每个服务产品部分都是通过紧耦合连接，这其实是一个模块化产品的组合期权，但是当这个紧耦合的模块化产品被分解后，以前紧耦合产品就变成松耦合，这样一来每个模块就相当于原来产品组合的期权组合，于是模块组合就会变成多个期权的组合，由于期权的组合价值高于组合的期权价值，因此模块化后的服务产品将拥有比集成化服务产品更高的价值。

（2）创新风险。服务产品模块化降低了创新风险从而提升了价值创造。因为松散耦合关系的存在，服务产品的模块化让每个模块的更换不会显著影响整体的运作，更不会影响到别的模块运作，通过这种弱耦合的交互，模块之间的联系较为松散，使得模块化系统拥有很高的鲁棒性，于是，整个系统的风险被控制在很小的范围内，降低了模块化创新的不确定性。实际上，这种特殊的松散结构为模块化系统提供了一种试错体系，即模块化产品能够在产品的功能上不断尝新，而且这种试错的成本很低，降低创新的风险。并且由于模块化的设计可以使得服务的所有可分解部分以外包的形式拆解出去，因此整体的创新风险得以控制。

（3）顾客满意度。服务产品模块化提升了顾客满意度从而提升了价值创造。由于服务模块化产品能够产生极强的变更组合能力，在消费需求多样化的今天，这种特性能够提供给消费者多样化的选择，赋予顾客在服务功能的挑选上更大的空间。由于信息技术的发展，顾客反馈开始成为服务产品发展的导向，由于产品的模块化结构，顾客可以更为轻易地辨识出适合的服务功能，给了服务产品模块集成商以重要的创新源泉，并且有利于服务模块的创新改进和功能性质的优化。

5. 服务流程模块化对价值创造的影响

（1）创新成本。服务流程模块化通过控制创新成本提升了价值创造。服务流程的模块化可以提高流程系统的重组性和扩展性。当产品功能改变，企业能够重构流程模块以此来优化流程系统的适应力，当产品需求量变化时，增减部分关键流程模块或升降流程系统的自动化程度来增减产量，这就减少了流程开发成本，模块化的流程模块可以由更为专业化的企业承担，当服务需求变化时，可以根据需要调整相应的服务流程而不大幅增加创新成本。

（2）创新风险。服务流程模块化通过降低创新风险提升了价值创造。服务流程的开发需要投入大量的时间、精力和金钱，一旦失败这些投入都将成为巨大的沉没成本，因此服务企业非常注重流程开发的风险与收益平衡问题。若在创新过程中大量使用通用流程模块，将主要创新资源投入少数核心流程模块开发上，可以有效地降低流程创新的风险。在整个服务流程开发中，企业尽量利用已有的标准流程模块，而将主要资源投入专用流程模块开发上，对之进行了更为细致的功能界定、参数设置和模块测试，保障服务系统的顺利上线。

（3）流程外包。服务流程模块化可以促进流程外包的出现，但是对于价值创造的影响往往要结合现实进一步分析，因为成功的流程外包可以让企业更充分地利用外部资源，从而集中内部资源进行专业化服务开发和创新，但是流程外包往往是一个复杂过程而且伴随着很大的风险，这种风险体现在：第一，从发包企业完成流程模块化到开始发包需要耗费巨大的精力和时间。第二，这种模块化必须要避免数据资源、知识产权和商业秘密的外泄，这就给流程外包添加了巨大的难度。因此，服务流程模块化能否通过服务流程外包来提高价值创造往往是难以评价的，必须要先评估发包流程的知识结构和服务流程的模块化设计水平，才能判断该流程模块是否适合分包，是否能够提高价值创造。

6. 服务组织模块化对价值创造的影响

服务组织模块化可以促进价值创造的提升。在一定关系的构架下，服务组织系统被分解为多个组织功能单元的过程，这些功能单元既能协同创新，又能持续变革。服务组织模块拥有极高的自治权利，因此会不断深化自身的开发能力和学习能力，并不断加强组织对资源的筛选和积累，这样的过程可以提高组织学习能力进而提高价值创造。

（1）组织学习。组织模块化作为一种组织的协调形式，不仅使组织分工演进呈现层次化、条理化和简单化特征，更由于存在明确的联系规则，在系统"分"的同时注重各个子模块之间的"合"，将分工经济和合作效益有效地结合起来。同时，组织模块化打破了不同模块之间的大部分知识关联，将大部分隐性知识隐藏于各组织模块内部，使单一组织模块设计与运行所需的知识内化于本模块，分工专业化程度更高。

从组织学习的角度出发，组织模块化更有利于模块化价值创造的获取。这是因为组织模块拥有更多的自治权利，因而其开发式学习的过程也能够深化，这有利于组织单元对自身资源进行清晰甄别和持续积累，提高了组织学习能力，进而提升价值创造。

（2）间接作用。在高的组织模块化水平下，每个组织模块能够通过对自身资源进行准确的界定和整合，从而提高组织的资源利用率，还能借助界面的互动和规整提升组织创新活力。但是组织的高整合性并不一定完全有利于服务模块化创新，因为组织模块化可以替代传统整合化组织中的过程控制机制，但是不能替代传统的结果控制机制。在创新过程中降低管理协调的高度介入，有利于流程模块化创新的成功实施，组织只需强化对流程创新的结果控制。上述分析意味着组织的模块化是有必要的，但是并不能因过于模块化而丧失了对流程创新的结果控制功能。在一定的组织协调下，组织模块化能够促进产品模块化和流程模块化的协同创新，从而提高价值创造。

（3）应用与探索两个方向的创新活动。在企业发展过程中，企业组织必须对外部市场环境保持高度的敏感，实现创新和运营的非线性发展。但是由于市场前景估计不足，创新路径的僵硬化、程序化，大部分企业要么单一地注重探索创新，要么单一地注重渐变创新，极易失去面对市场环境巨变时所应该具备的内部创新模式的创新优势。

组织模块化在应用和探索两个方向的探索活动具有先天的优势，如图 3-7 所示，通过组织模块化，企业能够最大限度地降低探索式创新的创新风险，提高创新成功率，同时企业知识往往是隐形的非编码知识，组织模块化下的企业成员可以越过企业间的知识壁垒和信息阻隔，在开放式的创新体系下，有效遏制探索型创新模块中联盟组织内部的机会主义行为。在应用型创新活动中，各个模块独立创新互不干涉，模块成员的学习与系统构架过程也被分割，能够独立支持各自的业务流程平行化操作，模块成员只需要知道自身的创新活动需要即可，因此降低了知识侵占风险，协调与信息传递成本较低。

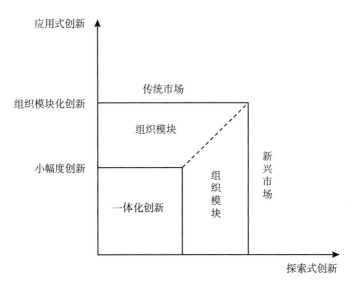

图 3 - 7　组织模块化在两种创新并行时的创新优势

因此，通过组织模块化，企业能够很好地完成应用和探索两个方向的创新活动，极大地提高了创新资源利用率，从而提高价值创造。

3.3　服务业服务模块化水平对开放式 创新绩效的影响

企业通过设置服务模块化水平的高低来降低服务成本。通过设置服务模块化水平的高端企业不仅能为合理成本的产品定制提供基础（Blok C D，2014），而且对双元式组织的创新模式有重要作用，因为降低了知识侵占风险和协调与信息传递成本（余长春、闫明，2013）。服务模块化水平有助于企业实现较高的服务价值，因为服务模块化水平能够应用于专业服务设计，提高专业服务质量（Lan M，2015）。沿着服务流程、服务产品、服务对象和服务职能这四个维度，服务模块化水平对于企业运营效率提高、价值发现、价值创新和服务归核化有重要意义（余长春、吴照云，2012）。面向自动化的服务标准体系结构要求提供更容易的开发和集成的模块化生产系统，具有高度灵活性的模块化生产系统，能够与产品和人类进行交互，并与商业环境垂直集成，为克服这些挑战提供了新的可能性（Wrede S & Beyer O，2016）。余长春（2016）认为服务模块化水平与其所处环境及自身属性直接关联，由于食品制造业的市场化程度较高，其服务模块化水平高于卷烟产业。提升服务模块化水平，应结合产业实际，加强服务模块化设计与治理。

企业运用服务模块化水平能够增强竞争力，实现企业潜在利益，对于企业的服务创新和服务传递有重要作用。服务模块化产品延伸服务（PES）是基于产品的高价值服务解决方案（如维修、维护和能源管理），帮助制造商实现可持续增长和盈利（Song W & Wu Z，2015）。企业利用服务模块化水平不仅可以减少产品服务系统（PPS）内部模块组合的模块化，有助于降低生产成本，影响和实现可持续发展（Sun J & Chai N，2017），还有助于促进产业持续创新及升级（余长春、赵晓宁，2016）。笔者认为，从创新角度可以从两个维度来理解服务模块化水平：一是服务模块化水平创新优势；二是创新风险。

很多关于服务型制造业的研究认为，服务模块化水平和企业的创新绩效有关。但在服务业中，较高服务模块化水平的企业是否能够提高创新绩效的作用并不是很明确（Tuunanen T & Bask A，2012）。较高的服务模块化水平能够使企业将服务过程中的经验知识加以编码，能够形成模块化的知识资产，提高了企业的创新绩效（李柏洲、徐广玉，2013）。服务的无形性、服务的过程特征以及服务提供者和客户之间持续的密切互动，使得服务模块化可能并不直观，并导致执行问题。学者们往往忽视模块化的服务设计的负面影响。为了确定服务模块化应用的边界条件，需要对设计选择中可能的权衡进行探讨。因此，需要研究与服务模块化水平和模块化的服务架构相关的风险（Dorbecker R & Bohmann T，2013）。余长春（2016）认为当两个企业的服务模块化水平接近的时候，其创新价值也比较接近。当服务模块化水平超过40%时，会对企业的创新价值产生负面影响，而在服务模块化水平高于31.89%且低于40%时，模块化有利于创新价值。通过适度的服务模块化，合理划分产业功能，各个模块运用不同的创新手段，便于形成整个产业内部的协同创新，既独立创新，又共享创新资源，降低了创新风险。须谨慎的是，不能一味地服务模块化，毕竟在服务模块化的过程中既要关注其带来的创新价值，也要关注其带来的创新成本。

作为一种新型服务管理模式，服务模块化能够有效促进产业持续价值创造及升级。站在网络组织视角，服务模块化是价值网络整合、重建的过程，这个过程把原有集合型服务体系拆解、裂变，形成具有兼容性、可重复利用、符合界面标准的服务价值模块。服务价值模块是构成服务模块化价值网络的、具有某种独立服务功能的半自律价值服务子系统，可以为整个服务模块化网络带来特定产出的、基于一定资源基础的服务价值。这些服务价值模块按照新的界面标准和规则进行重构，以战略合作、战略联盟、服务外包等方式联结在一起，形成包含顾客群、服务商等多维主体的服务模块化价值网络。服务模块化价值网络价值创造是促进其发展升级的重要手段。

3.3.1 服务模块化创新效应的形成

1. "万物互联"的价值网络互联互通

一切互联互通的人、事、物皆可模块化，"互联网+"顺应了服务模块化价值网络的万物互联发展趋势，使得网内各服务模块连接更加密切、更有价值，体现出移动化、智能化、数据化的深度融合，有利于低成本、便利化、全要素、开放式的价值网络空间形成与发展。

（1）服务模块的"跨界融合"。这里的"跨界融合"主要指制造模块与服务模块的融合，打造由生产型制造为主向服务型制造为主转变的新模式。通过发展智能物流、电子商务、云计算等，降低服务产品定制成本，丰富服务产品定制方式；通过研发设计、信息软件、绿色环保等社会服务为用户提供完整的服务产品定制方案。服务模块与制造模块之间融合互动、相互依存、相生相伴，使服务模块化价值网络呈现出一种新态势，实现智能式服务型制造。"i5"机床数控研发中心通过研发设计数字化、工艺装备数控化、生产流程智能化和变制造工厂为智能工厂的方式，促使机床数控系统定制技术朝着智能化和服务化的方向发展。

（2）服务模块的线上到线下渗透。企业通过公司网站或者电子商务网站进行服务产品线上展示和推广，用户根据自身需求进入购物网站进行信息浏览、购买决策、下单购买和线上支付，然后进行线下取货或进入实体店铺开始服务体验，实现了产品服务线上与线下的一体化。从线上到线下，所有服务模块构成"O2O式"服务模块化价值网络，既能极大地满足顾客个性化的需求，也能瞬间聚集强大的消费能力。绿卡网致力于将集团旗下的多元业态（如地产、酒店、旅游、娱乐、文化等）与互联网融为一体，线下打造一种全新的会员专享式旅游度假新模式，专为会员提供定制的高端旅游度假体验服务；线上则提供会员专享一站式绿卡服务。

（3）服务模块的智能化与绿色化效应。第一，智能化。智能化使服务模块化价值网络中被忽略的没有交集的服务模块要素，通过智能分工、智能集成、智能控制、智能管理，更加紧密地联系在一起。对于金融服务业的自助设备服务模块、手机银行服务模块、证券交易服务模块和银行抵押服务模块，能够在电子商务平台上实现服务模块系统的互联。第二，绿色化。在服务模块化价值网络价值创造发展的过程中难免出现一系列生态问题，绿色化作为又一重要的价值创造理念，促使服务模块化价值网络中的各服务模块成员树立绿色理念、发展绿色生产、推广绿色消费，全面践行绿色化。例如，当下一些大城市流行的绿色主题餐厅就是很好的绿色化实践。

2. 价值网络"众创服务"平台的开放

"众创服务"平台是一个为"创客"而生的新型服务平台。它根据互联网应用的深入发展，消除各种时间和空间障碍，构建以顾客服务价值创造为导向的价值网络。众创服务平台以其开放性吸纳价值网络外部服务价值创造要素并激发内部服务成员的价值创造智慧与创造活力，促进服务模块化价值网络内外部知识与信息的交流与融合，围绕"价值创造顾客服务价值"的核心理念，将融合的知识信息重新模块化，生成新的服务模块。

（1）服务交流模式价值创造。"众创服务"平台的出现，使"孤独上路"的草根科学家开始聚集在一起，组成一个特殊的"人力资源服务模块"，这群掌握自生产工具的新人类以一种积极向上的生活态度分享和传播知识，同时通过行动和实践去发现问题和需求，并努力找到解决的方案。2010年，在深圳成立的"柴火空间"，主要为创客分享知识、跨界交流、资源对接提供平台。

（2）精神服务价值创造。"众创服务"平台可以超出市场机制的作用范围，以无形服务产品的形式满足顾客多样化、个性化的需求，并且为创客提供思想交流碰撞的空间。芝加哥的无线（Threadless）T恤衫公司鼓励访客通过Threadless.com网站提交他们的设计作品，然后由另一些顾客通过公司内部联通的互联网平台进行打分，经过筛选挑出得分最高的图案被印在T恤衫上销售，通过这种网络虚拟服务，实现创客和顾客精神层面价值的增加。

（3）顾客服务机会价值创造。服务企业制胜的要点是赢得顾客，能吸引、维系顾客的关键在于提供满足顾客提出的多样化、个性化的要求的服务。众创服务平台在促进知识信息要素更深层次的共享与融合的基础上，依据顾客需求分类，塑造更多的信息服务模块，从而增加顾客的服务选择机会。顾客利用银行自助服务平台，可以自行办理查询、办理、存取款等业务，丰富了顾客服务方式和服务机会选择，使顾客能以较低的服务成本从多个服务模块方案中选出最为满意的方案。

（4）价值网络服务价值创造的无边界化。随着知识信息的快速创造和扩散，服务模块化价值网络越来越需要加快服务价值创造的速度以最大化价值创造服务收益，无边界价值创造的出现和流行正好顺应了这一时代需求。服务模块化价值网络的无边界化价值创造是指价值网络在服务价值创造的过程中可以自由选择、引入、剔除或替代各服务成员模块以获取自身价值创造所需的模块资源，并且把最终价值创造的服务成果模块化，无偿、分类提供给价值网络外部具有不同需求的经济主体的分享式价值创造。由于价值网络内部各服务模块企业之间是无边界的，使得服务价值创造资源能够在成员企业内外自由流通，从而加速服务模块化价值网络的价值创造步伐。

无边界价值创造扩大了服务模块化价值网络价值创造的主体范围，使得顾客服务模块、主体企业服务模块、成员企业服务模块、各种服务商模块等都能更容易地同时参与价值网络的价值创造活动，从而大大提高服务价值创造效率。无边界价值创造还使得顾客在价值网络中的价值创造主体地位越来越突出，从单一的服务产品消费者变为服务产品研发伙伴。无边界价值创造依赖一个可重构的服务网络系统，顾客可以根据自己的偏好选择不同界面的服务模块进行重组，构成个性化的服务产品，如顾客服务产品的自己动手做（DIY）设计等。

另外，无边界价值创造打通了服务模块化价值网络内部原有的阻隔边界，各服务模块成员通过价值网络的互联互通获得外部的各种支持的同时（包括政府机构的政策支持、中介机构的辅助搭桥、金融机构的资金扶持和科研机构研发支持等），还可以把价值创造服务成果通过价值网络进行各种安排，如契约联盟、转让售卖、合伙等，使其他企业获利，从而实现服务模块化价值网络的更大的价值创造。

3.3.2 服务模块化创新的特性

可从界面、耦合、定制水平和标准化角度考察服务模块化价值网络的开放动态式与独立片段式价值创造、个性参与式与大规模定制式价值创造特性。

1. 开放动态式与"独立片段式"创新

随着互联网技术的发展，价值网络内四通八达的价值链以及各种形式的价值服务模块表现出一定程度的无序性和不确定性，单独地对偶界面强调的标准化、系列化的互相匹配关系显然已难以适应这种局面，服务模块化价值网络通过实现从对偶界面到共生界面的让渡，体现出一种"开放动态式"的价值创造特性。由服务模块化价值网络价值创造而产生的共生界面能够按照预先设定的方式将价值网络中不同服务模块之间的知识能力要素相互融合、相互渗透，形成全新的服务组合模式和资源整合范式。这种极具开放动态性的共生界面既存在于价值网络内部各服务节点企业之间，也存在于服务节点企业与顾客群之间。节点企业服务模块之间的共生界面主要表现在两个方面：一是单个服务企业内部各个服务模块的组织安排之中，如民航业的值机服务模块、登机服务模块、行李服务模块和机上服务服务模块形成的信息基础平台，实现民航业服务系统的互联。二是不同服务企业主体之间。例如，旅行社和酒店、交通运输中心等的合作，有利于旅游服务体系的紧密衔接。在服务模块化价值网络中，顾客能接触到的服务感知都属于顾客服务模块与节点企业服务模块之间的共生界面。价值网络中不同服务模块主体之间彼此依赖，相互融合，构成一体化的顾客服务体系，创造的价值往往大于单个模块创造价值的总和。为推动"旅游＋互联网"的战略，途牛旅游网从2015年2月4日起推出"牛对兑"，为有出国意愿的人提供网上货币兑换业务，将旅游目的地的线上与线下数据打通，同时基于上亿的用户数据为旅游目的地提供大数据服务。

服务模块化价值网络中各服务模块以特定耦合规则有效地联结起来进行信息传递，以达到共同协作的目的，耦合程度的高低将在一定程度上决定服务模块化价值网络总体运作效率。如果模块成员之间的耦合度过高，则会降低服务模块之间的独立性，从而不利于服务模块化价值网络的运作和发展。模块的耦合程度主要取决于模块接口的复杂程度和模块调用方式的灵活程度两个因素，新技术的应用使得服务模块接口的规则性降低以及调用方式的灵活性提高，从而使服务模块之间保持较低的耦合度，形成"独立片段式"的价值创造特性。在金融、信息、研发、IT 这样的知识密集型服务行业，其服务模块接口往往是各种复杂的无形的信息、信号以及程序，这些知识信息被数字化、软件化、智能化接收、处理和传输之后，反而更容易在全球进行模块化的分解和整合，保持了模块成员之间的独立性和灵活性。服务模块之间的这种"独立片段式"关系，有利于形成持续的差异化的核心竞争力，从而高效整合服务模块化价值网络战略资源。此外，人工智能、数字服务、物联网等技术的出现与运用，使模块调用方式变得更加灵活，顾客可以根据自己的偏好选择不同界面的服务模块进行重组构成个性化的服务产品。服务模块可以在柔性生产系统的基础上进一步解决顾客需求千差万别的问题，并实现其灵活调用，从而降低服务模块之间的耦合程度，使服务模块化价值网络整体成为一个开放式的价值创造架构。

2. 个性参与式与大规模定制式创新

作为一种时尚"专属"，个性参与是顾客介入服务产品生产过程的一种新型范式，顾客服务感知与服务生产过程紧密相连。为了应对快速反应的全球个性化市场需求，服务产品在满足细分市场上具有相似偏好顾客的同时，还要能够以个性化的方式满足个别顾客独特性的需求。个性参与价值创造的关键是根据服务产品功能设计的要求构建包含服务模块序列和服务界面标准在内的开放式服务模块化价值网络架构，顾客可以根据自己的偏好选择独特的服务模块，组合构成个性化的服务产品。个性参与服务产品需要以独特的定制技术为依托。服务模块化价值网络内部的技术价值创造是一种动态的、相互反馈的过程，专家知识、顾客知识、核心能力、数据库等构成了服务模块化价值网络的知识库，各服务成员通过组织学习吸收有用的知识，进而产生创意决策，创造出新的服务模块和服务模块组合（个性化的服务产品）。此外，定制技术价值创造缩短了顾客服务模块与节点企业服务模块之间的信息鸿沟，顾客可以主动寻求自己想要的服务定制模式，而服务企业也可以通过更加灵活的方式，主动挖掘顾客的需求特点，进行及时性的服务改进，输出服务质量更高和更便捷的定制模式。对于青橙手机采取的消费者到企业（C2B）模式，其青橙 N1 号被称为全球首款用户深度定制的智能手机，青橙 N1 的定制针对每一位消费者，消费者可以自由搭配，选择手机外观、硬件配置、软件以及售后服务等，这样一来，用户搭配出来的是一款专属于自己的智能手机。

异质化的服务在满足顾客需求多样化和诉求个性化的同时，也面临着服务成本的日益上升，因此又需要服务企业在标准化、集约化上下功夫，即追求一种大规模定制范式。服务的大规模定制并不是简单地追求"统一性"和"一致性"，而是结合了基本服务功能、辅助服务功能、服务对象、服务活动等多个服务维度。服务模块化价值网络内部的服务模块企业，通过服务标准化以及标准化原则和方法的运用，制定和实施统一的服务标准，以达到服务质量目标化、服务方法规范化、服务过程程序化，从而提供优质服务。型牌男装提供给顾客两个服装定制模块，一是号型模块，二是样品模块。在服装号型方面，顾客可以通过型牌提供的 3 个不同的尺寸选择一个适合自己的服装号型，在选择号型之前需将成品服装尺寸和身材尺寸相结合。在样品方面，型牌网会预先设计并制造出所有产品样品，将其拍摄成照片放到网上，顾客输入号型即可定制某款样品。服务模块化价值网络的组织决策结构通过保持一定程度惯性与柔性的最佳均衡点，实现价值网络服务标准化价值创造，而这种惯性与柔性的最佳均衡又需要依靠一种精益式的服务模块管理模式，即在结合顾客服务模块的基础上，通过优化和管理节点企业服务模块的服务细节和服务过程，追求服务产品标准化，服务成本最小化，顾客服务价值最大化的一种高效管理模式。在这样的管理模式中，各服务模块企业是以服务顾客为核心，同时进行一切可能有利于服务模块企业自身的改进，从而达到服务模块化价值网络中各模块成员服务标准的精益性。

3.3.3 服务模块化创新的路径

1. 有机式分工：创新路径深化

传统的机械式分工体系下，服务节点企业具有严格的服务结构层次和固定的服务职责，强调服务功能的高度正规化，组织内部服务职责体系的建构、调整和优化主要由服务主体企业负责，服务成员企业只负责在明确的岗位职责范围内完成服务工作。而有机式分工是大互联时代多对多交互的产物，其分工的交互性不仅体现在价值网络的各服务模块之间，还体现在服务模块与各种服务终端的相互链接之中，由此形成的扁平化和多对多的服务模块化价值网络能够实现更多层面和形式的服务交流与合作。

有机式分工深化路径是指，依托优势价值创造资源，面向促进服务模块化价值网络发展的关键服务模块要素和能力进行重点深化，形成能够带动服务模块化价值网络发展与升级的标志性价值创造成果的战略主线。

有机式分工使服务模块化价值网络中的个体服务模块的产出成果具有独立交易的可能性，服务模块化价值网络业务流程绝非各服务模块的机械式拼合，而是在打破原有对价值网进行严格界定的网络框架的基础上，通过多服务模块要素和能力的相互交流和融合使服务模块化价值网络成为通用性强的多面手，从而增强其内部业务流程在服务人员配备、动态服务组合方面的灵活性以及对于外部服务需求迅速变化的适应性，从而使服务流程及服务组织的有机性大大提高。金融企业根据客户需求，通过计算机技术并利用先进的科学方法，把金融理财产品分割成更小的单元，这些小单元被重新构造后，又可以衍生新的金融产品。

在有机式分工体系下，服务模块化价值网络按照服务的功能、要素、流程和顾客感知等因子，模块化解构和设计整个服务体系，使单独的服务模块在有机式融合基础上重新构建为一种松散、灵活的具有高度适应性的网络型服务团队，团队成员从事交叉式的服务工作，履行无边界化的服务职责。另外，在这个团队式的价值网络中，由于服务主体企业的界面规则制定权被充分下放，使得相对弱势的服务成员企业除了负责完成业务性工作之外，还可以对服务流程进行不断优化和改进，服务模块化价值网络无论是在横向上还是在纵向上都发生了很大的变化。

2. 多维度集成：创新路径整合

集成作为一种价值创造活动，是服务模块化价值网络价值创造过程中不可或缺的环节。相比于单维度的不完全、侧重式集成，多维度集成的价值创造路径更重视服务价值创造过程中把各个价值创造服务要素和价值创造服务内容集中在统一的互联网操作平台上来完成技术形态、治理形态、契约形态、知识形态的多方面整合，为服务模块化价值网络价值创造提供了新视域。

（1）技术形态的集成。服务模块化价值网络借助互联网技术，不仅可以实现虚拟产品之间、虚拟经营之间集成，而且虚实集成。具体包括：第一，有形资产价值创造与无形资产价值创造打通；第二，企业内部网络价值创造与企业外部网络价值创造打通；第三，线上价值创造与线下价值创造打通。爱样品网，是一家为消费者提供免费样品线下领取的网站。与导购网站纯线上逻辑不同，爱样品是提供落地服务，通过形成从线上到线下的闭环，说服上游商家，从下游给予消费者眼见为实的质量保证。

（2）治理形态的集成。服务模块化价值网络在治理形态上主要表现为一种管理型集成，即借助多种价值创造技术手段实现价值网络内部各服务模块主体之间的整合与合作。阿里巴巴旗下支付宝公司与天弘基金公司合作建立的余额宝用 1 年时间创下 5000 亿元的管理规模，并带动百度百赚利、博时现金宝、微信银行闪电理财通等金融领域壮观的"宝宝"兵团的形成。

（3）契约形态的集成。服务模块化价值网络的契约型集成是基于服务模块主体之间共同的目标而实施的一种战略联盟。在大互联时代，这种契约关系基于"互联网＋"模式进一步体现出其价值创造性，如"互联网＋金融""互联网＋医疗""互联网＋旅游"等。基于"互联网＋"的契约形态集成能够有效整合价值网络优势资源，从而提高资源使用效率，价值创造服务方式。

（4）知识形态的集成。服务模块化价值网络的知识集成更具开放、平等、协作、共享的"互联网精神"，这主要体现在两个方面：一是节点企业服务模块内部的知识集成。内部隐性知识的集成有利于保持企业核心竞争力，形成差异化的竞争优势。二是节点企业服务模块与顾客服务模块之间的知识集成。这种知识集成主要表现为顾客参与企业价值创造活动，有利于进一步提高顾客满意度与忠诚度。微软 Surface Phone 的目标用户主要是商务人士，由于 Windows 的 Outlook、Office 和 Lynk 等应用模块集成在移动手机上，微软在商务领域有了很多忠实的粉丝并获得了许多价值创造性的建议。

3. 动态式协同：创新路径共享

随着市场竞争的加剧，单个的服务模块主体已经很难超越其所根植的网络独自完成价值创造的全过程，协同价值创造在服务模块化价值网络中发挥着引擎作用。静态式协同强调核心服务模块的服务能力与服务感知，产生的协同效应的作用范围往往很难涉及价值网络的外围层。而动态式协同价值创造路径是指相互依赖又相互竞争的服务模块，通过根植于价值网的某一个增值节点，使得彼此间相互依赖，依托承诺、信任、声誉和契约，各服务模块成员在专注于自己核心服务能力的同时，自觉或不自觉地嵌入服务模块化价值网络中，延伸价值创造服务空间、衍生价值创造服务能力，增强价值网络服务模块成员间的服务协同性和相互依存性，从而实现共同的价值服务目标。

总的来说，动态式协同价值创造的"动态性"主要体现为两个方面，即服务模块合作与服务模块竞争。第一，服务模块合作协同。某项复杂业务的完成离不开各服务模块之间的协同与合作，合作的协同关系需要服务模块彼此间的关系协调、行为配合、资源互动和信息反馈才能有效运行。合作协同最主要的特征是服务模块成员彼此服务目标的一致性，即各服务模块企业为了完成某项共同的服务而结成一个统一的服务团体，各服务模块在这一合作时期不存在任何竞争关系。因此，这就要求服务模块化价值网络的服务主体企业必须首先制定总体的服务战略价值创造目标，然后处在同一网络关系中的其他服务成员企业也会有意识、有动力地选择与主体服务企业步调一致进行服务价值创造活动，最大限度地拒绝孤立、静止，有序、健康、动态地融入服务模块化价值网络系统，从而实现服务模块化价值网络服务价值创造目标最大化。第二，服务模块竞争协同。在竞争愈演愈烈的市场环境下，单个服务模块企业的服务价值创造存在技术能力弱、价值创造效率低下、缺乏持续的价值创造能力、风险承受能力不足等劣势。竞争协同是一种要求服务模块化价值网络中的各服务模块成员以实现组织自身更好的生存和进化为目标，通过协作共进、共同发展的方式进行的一种较温和的竞争过程。为了突破资源和技术瓶颈，不断提升自身的服务价值创造能力和价值创造绩效，服务模块化价值创造网络外部的单个服务模块化组织可以通过契约、协作、联盟等方式，加入由以企业技术和资源价值创造为核心的各服务模块主体组建的服务模块化价值创造网络，可以有效地集合服务要素价值创造的人力、物力、财力等各种力量，共同承担起单个服务模块组织难以完成的服务价值创造投入或价值创造活动，各服务模块成员在各取所需的同时，也完成了对服务模块化价值网络整体的价值创造活动。

3.4 本章小结

首先，通过对服务模块化的创新过程进行分析，阐述了基于模块化本质的两个属性，即标准界面和松散耦合关系，并移植到服务模块化领域，结合服务模块化的特点阐述了服务定制化的内涵，共同组成了表征服务模块化本质属性的三个内生维度。其次，基于模块对象的不同功能类别和适用性，总结出关于服务模块化不同层次的三种外生维度，即服务产品模块化，服务流程模块化和服务组织模块化。通过对三个内生维度和三个外生维度的分析，研究发现内生维度下的标准界面能够通过业务融合、"潜竞争"和标准界面通用性直接或者间接提高价值创造，而松散耦合关系能够从创新淘汰赛机制、吸收能力和服务外包提高价值创造，服务定制化能够通过定制化的三个不同层面全面促进价值创造的提升。而在外生维度中，服务产品模块化通过期权价值、创新风险和顾客满意度来提升价值创造，服务流程模块化能够通过降低创新成本和风险提升价值创造，但是流程外包基于知识产权和商业机密的特性而难以界定对价值创造的影响。最后，服务组织模块化能够通过进组织学习，对服务产品模块化和服务流程模块化的间接作用以及提供了应用式创新和探索式创新的并行创新方式提高价值创造。

服务模块化价值网络作为一种新型网络组织结构，其价值创造的优越性主要表现在以下几个方面。

（1）在价值创造结构层面，平面型虚拟服务联盟网络结构是一种由服务主体企业、服务成员企业、相关服务主体（顾客群以及各种服务商），通过有机联结组合成的具有专业服务知识服务模块联盟体；而从服务节点企业到相关服务主体的全部服务模块，又是一种虚拟服务资源，可组成具有开放性和独立性的扁平型虚拟服务团队网络结构。因此，服务模块化价值网络的平面型虚拟服务联盟网络结构和扁平型虚拟服务团队网络结构，有利于价值网络知识和信息的传递，大大加快了服务模块成员之间的价值创造交流，从而提高服务模块化价值网络价值创造绩效。

（2）在价值创造特性层面，服务模块化价值网络从界面、耦合、定制水平和标准化四个角度考察了其开放动态式与独立片段式价值创造、个性参与式与大规模定制式价值创造特性。"开放动态式"的价值创造特性主要体现在服务模块化价值网络价值创造而产生的共生界面，能够按照预先设定的方式，将价值网络中不同服务模块之间的知识能力要素相互融合、相互渗透，形成全新的服务组合模式和资源整合范式；"独立片段式"的价值创造特性则使服务模块之间保持较低的耦合度；个性参与式价值创造是顾客服务感知与服务生产过程紧密相连并且由顾客介入服务产品生产过程的一种新型范式；大规模定制式价值创造是一种结合了基本服务功能、辅助服务功能、服务对象、服务活动等多个服务维度的标准化、集约化范式。这些极具兼容式的特性有助于整体打造服务模块化价值网络的开放式价值创造架构。

（3）在价值创造路径层面，有机式分工一方面通过多服务模块要素和能力的相互交流和融合使服务模块化价值网络在内部业务流程、服务人员配备、动态服务组合方面的灵活性、通用性增强；另一方面实现了服务模块化价值网络充分授权式的管理，各层次的服务模块企业都可以对服务流程进行不断优化和改进，从而提高了服务模块化价值网络的组织灵活性；多维度集成实现了服务模块化价值网络的多方整合，有助于各服务模块主体之间的合作与价值创造，从而进一步提升顾客满意度与忠诚度；动态式协同增强了服务模块化价值网络内部各服务模块成员的服务协同性和相互依存性，无论是合作式协同还是竞争式协同都需要各服务模块成员彼此间协作共进、共同发展，才能有利于服务模块化价值网络的整体价值创造。

第四章

服务业服务模块化水平对开放式
创新绩效影响的实证分析

4.1 服务业服务模块化对双元创新
绩效影响的实证分析

4.1.1 服务业服务模块化对双元创新绩效影响的模型构建

1. 服务业服务模块化对双元创新绩效的影响

（1）服务产品模块化对双元创新绩效的影响。

服务产品模块化强调产品的模块化设计，以明确的服务要求为基础，对每个企业的能力要素进行模块化分解和优化整合，并强化专业优势。基于服务创新理论，服务产品模块化主要从产品研发、提高效率、降低成本和实现顾客满意度来促使企业创新绩效的提升。

　　首先，产品模块本身就是知识的载体，模块的重用也是对经过试验和市场验证的产品知识的复用，因此在很大程度上降低了创新风险，提高了产品可靠性；朗格卢瓦（2002）在其研究中也指出模块化能带来"竞争试错"机会，有利于企业创新。其次，产品模块化缩短了产品的设计周期和服务周期，因此可以加快新产品的推出时间，提高企业效率。此外，产品模块化对企业成本控制也有积极作用，产品平台内和平台间拥有可供组合配套的互换模块，可以实现大规模定制，无论是从新产品的开发成本，还是售后的服务成本来看，成熟的产品模块将大幅降低资金的投入。欧阳桃花等（2010）以海信为研究案例，系统分析模块化产品架构在品种功能、速度质量、成本等方面的优势。最后，产品模块化提供给顾客更多选择权和参与到服务定制中的机会，有利于服务改进，进而实现顾客满意度的大幅提升。

　　已有的文献亦显示，产品模块与企业的创新绩效具有紧密的关联。陈建勋等（2009）的研究表明，产品模块化不但可以直接影响到公司的短期绩效，还可以通过增加公司的利润率和成长绩效，从而改善公司的短期绩效，最终达到加强公司未来生命力的目的。郭奕阳等（2016）将产品模块划分为模块设计与模块制造两个层面，研究其对技术创新的作用机理。模组可直接使用，减少了总体上的革新风险；在设计层次上，也减少了产品设计中的信息处理负荷，使得突破性创新成为可能。同样，游博和龙勇（2016）的实证研究也得出产品模块化主要通过简化设计、模块并行实现组合式创新，进而影响新产品绩效；陶颜和李佳馨（2018）围绕服务模块化，通过多案例研究提出金融企业服务开发流程模型，阐明产品模块化对服务改进的实践意义。

　　（2）服务组织模块化对双元创新绩效的影响。

　　在服务经济的大背景下，企业的组织模块化可以更好地协调内部资源，以及与外部环境之间的关系，从而提高企业的独立性和协调性。此外，模块化组织还有助于企业获取外部信息，从而提升创新绩效，更好地把握市场变化和客户需求。同时，模块化组织还可以使企业更加灵活地调整组织结构和流程，以满足不同的业务需求。

具体来看，组织模块化主要是通过组织结构的模块化和组织流程的模块化实现。前者表现为职能单位和经营单位的模块化：职能单位模块化往往通过外包的方式为企业节约费用成本，例如人力资源外包；经营单位模块化则强调纵向结构的模块化，将资源、知识和服务等集中，创新企业商业模式。后者表现为将一体化流程分解重构为相对独立的子流程，具有高内聚低耦合的特征，更有利于企业的灵活性和创新性。组织模块化的相对独立性还决定了在信息隐藏条件下，企业必须开展"背靠背"的竞争淘汰赛，创新竞争必然碰撞出更多服务创新成果。

王鹏程等（2021）基于组织信息处理理论，分析组织模块化及其作用，揭示组织模块化特征、大数据分析能力、组织敏捷度对服务创新绩效的链式中介作用。模块化组织价值创新路径实质上是组织价值创新系统的各要素在一定时间范围内形成的开放式轨迹，它以模块化组织模式为基础，以价值创新目标为导向，是一套组织成长方式、战略选择和实施模式合辑。模块化的组织价值创新主要围绕三条研究脉络展开，一是竞合互动的路径，二是价值对流的路径，三是模块操作的路径。

综上所述，服务模块化作为企业"动态变化时代竞争战略"，通过分工与组合来重构服务元素，架构组织和产品体系，为顾客让渡价值选择权，保障企业的长期竞争优势并最终体现在创新绩效上。值得注意的是，服务模块化与创新绩效之间存在密切联系虽然基本清晰，但缺乏对创新绩效的双元性进行研究，仅有少量文献对模块化与突破式创新之间的影响关系进行了探究，例如张会新和白嘉（2018）从产业角度出发，提出模块化创新是战略性新兴产业突破式创新的基础。因此，本书基于双元创新绩效的构念维度，从整体上全面准确反映服务模块化与之的关系，提出以下研究假设：

H1a：服务产品模块化正向影响突破式创新绩效。

H1b：服务组织模块化正向影响突破式创新绩效。

H1c：服务产品模块化正向影响渐进式创新绩效。

H1d：服务组织模块化正向影响渐进式创新绩效。

2. 服务业服务模块化对资源整合能力的影响

（1）服务产品模块化对资源整合能力的影响。

资源整合是指企业对异源异构的资源进行获取、使用、配置、转化的过程，在这个复杂的动态过程中形成的能力即是资源整合能力。服务产品模块化的程度越高，产品子模块的种类也越多，相应的资源的载体数量也越多，增加了可供获取资源的丰富性。同时，企业保持较高的产品模块化水平，可以减少不确定性带来的风险，降低资源转换的成本和难度，企业通过产品模块化可以实现根据不同的市场环境和顾客需求来动态转化资源。

（2）服务组织模块化对资源整合能力的影响。

组织模块化强调了模块化分工与组合，要实现分工组合，就必须对资源基础进行重组，并对关键资源进行重新匹配。因此，服务组织模块化的实施离不开对企业资源的组织控制。随着服务组织模块化水平的提升，企业的创新性会大幅提升，更加前瞻性地研判出新机会；面对新的市场机会，企业正在整合和分配现有资源，并积极获取新的资源，进而资源整合能力得到大幅提升。

依据资源基础理论，资源对企业的成长举足轻重。本书认为服务模块化主要通过扩大资源使用范围、降低资源转换成本、发现并配置新资源的方式对资源整合能力产生促进作用。服务模块化需要对产品和组织模块进行重新捆绑规划和整合，这个过程离不开对资源的使用，既包括资源适用范围的扩大，又包括对新资源的需要。此外，当服务模块化达到相对稳定的水平，模块的松散耦合特性将很大程度上减少资源转换所需的时间和资金成本。综上所述，提出以下研究假设：

H2a：服务产品模块化正向影响资源整合能力。

H2b：服务组织模块化正向影响资源整合能力。

3. 资源整合能力对双元创新绩效的影响

动态环境下，资源整合能力能帮助企业在面对风险时，反应迅速并协调要素，从而保证企业创新绩效的稳固。庞长伟等（2015）认为企业的整合能力越高，越有利于提升企业的经营效率，改善管理质量，更好地开展创新活动。资源整合能力越高的企业，不仅可从外部增加资源存量，对内还能创造新资源，通过不断整合内外资源实现创新。企业与其合作伙伴进行资源分享，可以为其提供更多的资讯，助力其获取更广泛的创新机遇，为开发式和探索式创新奠定了坚实的基础。马鸿佳等（2011）的研究证实了资源配用过程与企业创新绩效存在直接和间接的正相关。结合资源基础观来看，多样化的资源对技能提升是有益的，不同的资源连接往往能够提高创新的可能性。一方面，资源整合通过对资源的配置来提升企业能力，而企业对外的资源开放将提升创新绩效；另一方面，资源依赖性会使创新主体的联系更加紧密，从而高效创造价值。故而本书认为资源整合能力能够对渐进式创新绩效、突破式创新绩效产生正向影响，提出以下研究假设：

H3a：资源整合能力正向影响突破式创新绩效。

H3b：资源整合能力正向影响渐进式创新绩效。

4. 资源整合能力的中介作用

近年来，关于服务模块化和创新绩效的研究，提出了资源整合能力在这一过程中发挥中介作用的观点。部分学者认为，资源整合能力的中介作用是改善企业资源的配置，还有一部分学者则认为主要是为了促进资源的获取和利用。综合来看，服务模块化的主要目标是通过促进资源的获取、利用和分配来影响创新绩效，并且服务模块化回应了资源是否以及如何在不同模块之间转移的问题。

在现有研究背景下不难发现，服务模块化和创新绩效的影响方向和大小都可以直接测量，但尚存一些中介变量影响二者之间的关系。换言之，服务模块化除了可以直接影响企业绩效，还通过某些关键变量间接影响企业绩效，诸如供应链敏捷性、知识传递、战略柔性等，因此二者之间的关系可能是一个复杂的回馈系统。服务模块化作为组织重要动态能力，基于资源视角适应动态环境，形成资源整合能力，研究过程中需要考虑资源整合能力这一变量，这个过程本身也是资源整合能力形成的过程，该过程会影响企业的整体绩效。在本书中，服务模块化会影响资源整合能力，进而对渐进式创新绩效和突破式创新绩效产生影响。综上所述，本书提出以下研究假设：

H4a：资源整合能力在服务产品模块化对突破式创新绩效的影响中起中介作用。

H4b：资源整合能力在服务产品模块化对渐进式创新绩效的影响中起中介作用。

H4c：资源整合能力在服务组织模块化对突破式创新绩效的影响中起中介作用。

H4d：资源整合能力在服务组织模块化对渐进式创新绩效的影响中起中介作用。

5. 环境动态性的调节作用

环境动态是指市场、客户、竞争和制度环境变化的速度和不确定性。从组织复杂性理论的角度来看，企业所面临的复杂的组织环境和外部市场环境值得关注，而且往往反映在企业发展的不确定性上，因此需要加以考虑。市场的动态性质加速了个别客户需求的变化速度，使企业很难在短期内准确地洞悉。技术的高度动态性意味着该行业会受到巨大和频繁的技术变化，这将对商业和社会产生重大影响。在动态环境中，服务模块化是提高服务创新绩效的关键因素。服务模块化程度越高，整合资源的能力就越强，内部沟通的效率就越高，这不仅为公司提供了更多的资源和技术，还最大限度保证了公司内部有效信息的互联互通与共享，从而提高公司的创新绩效。

周志刚等（2022）的研究探讨了环境动态性在互补性知识耦合和创新绩效关系间的正向调节作用。基于双重边缘视角，环境动态性可以正向调节环境绩效和财务绩效之间的关系，模块化也具有高度耦合的特性，因此可以考虑借鉴这一研究视角。环境动态性并不影响数字追溯效应对企业创新的直接影响，但其在中介效应的前后半段均显示出调节作用。环境动态强化了企业对服务模块化的依赖，弱化了资源不匹配和频繁切换带来的资源损耗的负向影响。综上所述，本书提出以下研究假设：

H5a：环境动态性在服务产品模块化与突破式创新绩效的关系中起调节作用。

H5b：环境动态性在服务产品模块化与渐进式创新绩效的关系中起

调节作用。

H5c：环境动态性在服务组织模块化与突破式创新绩效的关系中起调节作用。

H5d：环境动态性在服务组织模块化与渐进式创新绩效的关系中起调节作用。

6. 理论模型

根据上述的文献对话与理论分析，进一步辨析了变量间的作用关系，在服务模块化的维度划分上，选取服务产品模块化和服务组织模块化作为自变量；在创新绩效维度的分类上，突破式创新绩效和渐进式创新绩效被选为因变量。从资源整合能力视角分别去分析变量间的作用机制，以及环境动态性的调节作用，最终构建了服务业服务模块化对双元创新绩效影响机制的理论模型，如图 4 - 1 所示。

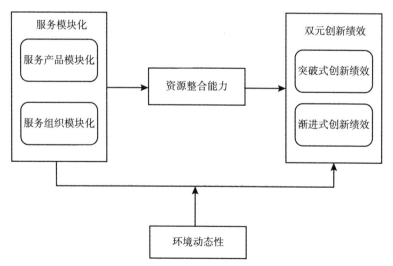

图 4 - 1　服务业服务模块化对双元创新绩效的影响机制模型

7. 假设汇总

本书研究假设汇总如表 4 – 1 所示。

表 4 – 1 研究假设汇总

作用路径	研究假设
服务模块化与双元创新绩效	H1a：服务产品模块化正向影响突破式创新绩效
	H1b：服务组织模块化正向影响突破式创新绩效
	H1c：服务产品模块化正向影响渐进式创新绩效
	H1d：服务组织模块化正向影响渐进式创新绩效
服务模块化与资源整合能力	H2a：服务产品模块化正向影响资源整合能力
	H2b：服务组织模块化正向影响资源整合能力
资源整合能力与双元创新绩效	H3a：资源整合能力正向影响突破式创新绩效
	H3b：资源整合能力正向影响渐进式创新绩效
资源整合能力的中介作用	H4a：资源整合能力在服务产品模块化对突破式创新绩效的影响中起中介作用
	H4b：资源整合能力在服务产品模块化对渐进式创新绩效的影响中起中介作用
	H4c：资源整合能力在服务组织模块化对突破式创新绩效的影响中起中介作用
	H4d：资源整合能力在服务组织模块化对渐进式创新绩效的影响中起中介作用
环境动态性的调节作用	H5a：环境动态性在服务产品模块化与突破式创新绩效的关系中起调节作用
	H5b：环境动态性在服务产品模块化与渐进式创新绩效的关系中起调节作用
	H5c：环境动态性在服务组织模块化与突破式创新绩效的关系中起调节作用
	H5d：环境动态性在服务组织模块化与渐进式创新绩效的关系中起调节作用

4.1.2 服务业服务模块化对创新绩效影响的实证分析

1. 研究设计

（1）问卷设计。

在调查问卷设计过程中，本书遵循李怀祖《管理研究方法》一书中调查问卷设计要求，以确保研究结果尽可能可靠。这一过程具体采取两个步骤：第一，借助成熟量表来开发题项。根据文献研究，找到了测量服务模块化、资源整合能力、双元创新绩效和环境动态性的成熟量表，并且针对国外学者的量表邀请英语水平高的同学、老师进行翻译，避免产生歧义，影响问卷调查的可靠性。第二，小规模修订。邀请专家对调查问卷进行了一次小范围的修订，并对调查问卷中的题目内容和语言表达进行了修正。目的是更好地结合中国情境与服务经济背景，防止大家由于对专业概念的不理解而不能如实地填写问卷。

调查问卷主要由以下部分组成：一是调查问卷的背景资料，包括调查说明、专业概念的简要说明。二是被调查者所在企业的基本相关信息，包括股权性质、成立时间、员工人数、所在地、主要业务类型。三是关于被调查者在服务创新过程中所扮演的角色。四是核心测度模块，即服务模块化、资源整合能力、双元创新绩效、环境动态性的量表题项。

（2）变量测量。

第一，解释变量——服务模块化。

将服务模块化划分为两个维度，分别是服务产品模块化和服务组织模块化。其中，服务产品模块化的测量指标主要借鉴了陶颜等（2015）、林（2004）和米考拉（2006）的研究，共计 5 个题项；服务组织模块化主要使用郝斌等（2011）以及蒂瓦纳（2008）开发的测量量表，共计 5 个题项，具体如表 4 - 2 所示。

表 4 - 2　　　　　　　　　　　服务模块化量表

变量	序号	题项	测量依据
服务产品模块化	PM1	企业的服务产品使用组合的、模块化的设计策略	陶颜等（2015）；林（2004）；米考拉（2006）
	PM2	企业的服务产品模块均清晰地对应顾客需求	
	PM3	企业的服务产品模块之间的互动关系是通过标准协议确定的	
	PM4	企业的服务产品易通过重新组合来满足顾客需求	
	PM5	企业的服务产品共享一些通用的产品模块	
服务组织模块化	OM1	企业根据功能不同将产品或服务细分为很多子部门	郝斌等（2011）；蒂瓦纳（2008）
	OM2	企业各部门之间权责明确，工艺、流程上区别较大	
	OM3	企业各产品或服务之间有明确的技术接口规范或标准进行对接	
	OM4	企业大部分产品或服务属于整个行业的标准化组件	
	OM5	企业一个产品或服务模块的变化会影响上下游部门	

　　第二，中介变量——资源整合能力。

　　资源整合能力的形成是一个动态的过程，涉及资源的获取、分配和使用，以及新资源的开发，学者们以多种方式进行测度，形成了丰富的评价体系，本书主要认可约翰·韦克伦德和迪恩·A. 谢帕德（Johan Wiklund & Dean A Shepherd，2009）开发的成熟量表，共 5 个题项，具体如表 4 - 3 所示。

表 4 – 3   资源整合能力量表

变量	序号	题项	测量依据
资源整合能力	RI1	企业能够积累自身独特的资源	约翰·韦克伦德和迪恩·A. 谢帕德（Johan Wiklund & Dean A Shepherd，2009）
	RI2	企业能够有效运用行业全新的资源	
	RI3	企业能够开发新资源在新的业务领域中使用	
	RI4	企业能够从外部获取新资源以发展现有业务领域	
	RI5	企业能够利用新资源开发新产品或提供新服务	

第三，被解释变量——双元创新绩效。

双元创新绩效划分为突破式创新绩效和渐进式创新绩效。其中突破式创新绩效借鉴了王思梦等（2019）以及贺和翁（He Z L & Wong P K，2004）的研究，共计 5 个题项；渐进式创新绩效主要参考李等（Li Y J et al.，2010）和拉维（Lavie，2010）的成熟量表，共计 5 个题项，具体如表 4 – 4 所示。

表 4 – 4   双元创新绩效量表

变量	序号	题项	测量依据
突破式创新绩效	BP1	企业经常率先推出新产品或新服务	王思梦等（2019）；贺和翁（He Z L & Wong P K，2004）
	BP2	企业善于开辟全新的市场	
	BP3	企业产品或服务很难被轻易模仿	
	BP4	企业通过对产品或服务的根本性变革更好地满足合作伙伴的需求	
	BP5	企业的品牌形象得到了显著提升	
渐进式创新绩效	IP1	企业通过产品性能的改进或服务的延伸获得了一定的收入增长	李等（Li Y J et al.，2010）；拉维（Lavie，2010）
	IP2	企业提供的新产品或新服务与竞争对手相比，存在微创新和局部的改进	

续表

变量	序号	题项	测量依据
渐进式创新绩效	IP3	企业通过对产品或服务的微创新提高了企业利润	李等（Li Y J et al.，2010）；拉维（Lavie，2010）
	IP4	企业新的产品样式或服务的改进获得不错的市场反响	
	IP5	企业在原有基础上对现有服务流程进行了改进并提升了服务质量	

第四，调节变量——环境动态性。

环境动态主要从四个方面来体现，即市场环境动态、交付环境动态、政策环境动态以及技术环境动态，本书借鉴了高尔等（Gaur et al.，2017）和马丁内茨－科内萨（Martinez－Conesa，2011）的成熟量表，共计4个题项，具体如表4－5所示。

表4－5　　　　　　　　　　　环境动态性量表

变量	序号	题项	测量依据
环境动态性	ED1	企业所面对的市场变化速度很快且市场需求难以预测	高尔等（Gaur et al.，2011）；马丁内茨－科内萨（Martinez－Conesa，2017）
	ED2	企业所处行业的技术标准变化频率很高	
	ED3	企业所在行业的政策环境变化速度很快	
	ED4	企业要交付的产品和服务的数量变化迅速且频繁	

（3）数据收集。

由于本书是在服务经济背景下探讨服务业服务模块化对双元创新绩效的影响机制，所以问卷面向服务行业进行发放，主要采取的是线下的书面问卷调查和线上的网页问卷调查相结合。首先，考虑到调查对象对服务模块化抽象概念的理解程度，被调查者主要以服务项目的决策者和执行者为主，累积占比达 68.1%，这在一定程度上确保了调研数据的有效性。其次，借助暑期实习机会，利用实地调研在线下发放了纸质问卷。最后，利用导师和自身人际网络以及调研公司的样本服务，完成线上问卷的发放。将线上线下收集的问卷数据进行汇总，共计得到调查问卷 398 份。为保证数据质量，剔除填答问卷时间少于 90 秒的问卷和部分在量表部分选项均一致的非正常性填答，共 85 份不合格问卷，至此共计得到有效问卷 313 份，问卷有效率为 78.64%。样本量满足问卷量表条目（或自变量数目）的 5~10 倍，方便后续建立结构方程模型。

2. 描述性统计分析

（1）基本信息的描述性统计分析。

基于问卷收集的数据结果，对行业类型、企业所在地、股权性质、员工人数、职位、成立年限等测量变量展开描述性统计分析，以全面把握样本特征，具体数据情况如表 4-6 所示。

表 4-6　　　　　　　　　　基本信息描述性统计

变量	类型	频数	占比（%）	累计占比（%）
行业类型	商务服务业	56	17.9	17.9
	金融业	60	19.2	37.1
	信息与通信服务业	75	24.0	61.0
	科技服务业	61	19.5	80.5
	其他	61	19.5	100.0
企业所在地	华北	26	8.3	8.3
	华南	96	30.7	39.0
	华中	34	10.9	49.8

续表

变量	类型	频数	占比（%）	累计占比（%）
企业所在地	华东	118	37.7	87.5
	其他	39	12.5	100.0
股权性质	国有企业	132	42.2	42.2
	民营企业	143	45.7	87.9
	中外合资	22	7.0	94.9
	外商独资	16	5.1	100.0
员工人数	100 人及以下	52	16.6	16.6
	101～300 人	61	19.5	36.1
	301～500 人	34	10.9	47.0
	501～1000 人	60	19.2	66.1
	1000 人以上	106	33.9	100.0
职位	服务项目/活动决策者	34	10.9	10.9
	服务项目/活动执行者	179	57.2	68.1
	服务项目/活动支持者	100	31.9	100.0
成立年限	5 年及以下	56	17.9	17.9
	6～10 年	71	22.7	40.6
	11～15 年	33	10.5	51.1
	16～20 年	43	13.7	64.9
	21 年及以上	110	35.1	100.0

（2）变量的描述性统计分析。

各个关键变量的描述性统计如表 4-7 所示，服务产品模块化、服务组织模块化、资源整合能力、环境动态性和双元创新绩效的样本选分均值大于 3，表明调查对象对题项所对应的内容在本公司的情况有一定了解。变量的标准差大多都小于 1，表明样本波动性小。

表 4 - 7   变量描述性统计结果

研究变量	条目	均值	标准差
服务产品模块化	PM1	4.02	0.915
	PM2	4.01	0.950
	PM3	3.98	0.933
	PM4	3.98	0.962
	PM5	4.04	0.938
服务组织模块化	OM1	4.09	0.887
	OM2	3.97	0.928
	OM3	3.96	0.911
	OM4	4.03	0.940
	OM5	4.05	0.889
资源整合能力	RI1	4.05	0.878
	RI2	4.01	0.947
	RI3	3.93	0.885
	RI4	4.01	0.979
	RI5	4.11	0.899
突破式创新绩效	BP1	3.91	0.978
	BP2	3.82	1.015
	BP3	3.80	1.100
	BP4	3.94	0.916
	BP5	3.90	0.940
渐进式创新绩效	IP1	4.08	0.927
	IP2	3.98	0.896
	IP3	4.01	0.947
	IP4	3.92	0.942
	IP5	3.98	0.943
环境动态性	ED1	4.02	0.908
	ED2	3.84	1.027

研究变量	条目	均值	标准差
环境动态性	ED3	3.93	0.967
	ED4	3.89	0.899

3. 信度分析

信度，又被称作可靠性（reliability），衡量从一个测量工具中获得的结果的一致性或稳定性。在对问卷进行数据分析之前，必须对其信度进行检验，以确保问卷的质量。信度分析主要目的是分析构成该量表的题项内部一致性水平，因此选择了克隆巴赫（Cronbach's Alpha）系数作为内部信度检验的指标。

Cronbach's Alpha 系数区间为 0 ~ 1，其数值越大，则表示各题目间的相关程度越好，且具有较高的内部一致性。当系数值大于 0.80 时，问卷的可信度较高；当系数值在 0.70 ~ 0.80 时，问卷的可信度属于可接受的范围内；因此，建议 Cronbach's alpha 系数为 0.70 或更高。如果某个分量表的系数低于 0.60，或总量表的系数低于 0.70，则应修改量表，或增加或删除部分问题。本书问卷所涉及变量服务模块化、资源整合能力、环境动态性和双元创新绩效，其各自的 Cronbach's Alpha 系数如下。

服务模块化的信度结果如表 4 - 8 所示，服务产品模块化量表的两个题项 PM4、PM5 的 CITC 值小于临界值 0.4，且删除该项的 Cronbach's Alpha 系数提高，故考虑剔除题项，至此分量表的 Cronbach's Alpha 系数值均大于 0.9，表明该量表的稳定性和一致性较高，可进行下一步研究。

表 4 - 8　　　　　　　　　　　服务模块化信度分析

变量名称	题项	修正后的项 与总计相关性	删除该项的 Cronbach's Alpha 值	Cronbach's Alpha 值
服务产品 模块化	PM1	0.689	0.552	0.704
	PM2	0.647	0.566	
	PM3	0.627	0.577	
	PM4	0.166	0.756	
	PM5	0.208	0.744	
服务组织 模块化	OM1	0.727	0.727	0.905
	OM2	0.842	0.842	
	OM3	0.870	0.870	
	OM4	0.696	0.696	
	OM5	0.683	0.683	

资源整合能力的信度结果如表 4 - 9 所示，5 个题项的 CITC 值在 0.683 ~ 0.76，均大于 0.4，且删除任意题项后量表的信度不会提高。分量表 Cronbach's Alpha 系数为 0.880，大于 0.8，表明该量表的稳定性和一致性较高，可进行下一步研究。

表 4 - 9　　　　　　　　　　资源整合能力信度分析

变量名称	题项	修正后的项 与总计相关性	删除该项的 Cronbach's Alpha 值	Cronbach's Alpha 值
资源整合能力	RI1	0.706	0.856	0.880
	RI2	0.688	0.860	
	RI3	0.760	0.843	
	RI4	0.731	0.850	
	RI5	0.683	0.862	

双元创新绩效的信度结果如表 4 - 10 所示，删除任意题项后量表的

信度不会提高。突破式创新绩效的 Cronbach's Alpha 系数为 0.906，渐进式创新绩效的 Cronbach's Alpha 系数为 0.771，这两个系数都比 0.7 大，表明该量表有高度的稳定性和一致性，达到了相关标准，符合要求可进行下一步研究。

表 4 - 10　　　　　　　　　　双元创新绩效信度分析

变量名称	题项	修正后的项与总计相关性	删除该项的 Cronbach's Alpha 值	Cronbach's Alpha 值
突破式创新绩效	BP1	0.769	0.885	0.906
	BP2	0.792	0.879	
	BP3	0.806	0.877	
	BP4	0.710	0.896	
	BP5	0.751	0.888	
渐进式创新绩效	IP1	0.512	0.739	0.771
	IP2	0.623	0.701	
	IP3	0.566	0.720	
	IP4	0.532	0.732	
	IP5	0.482	0.750	

环境动态性的信度结果如表 4 - 11 所示，4 个题项的 CITC 值在 0.644 ~ 0.797，均大于 0.4，且删除任意题项后量表的信度不会提高，分量表 Cronbach's Alpha 系数为 0.869，大于 0.8。

表 4 - 11　　　　　　　　　　环境动态性信度分析

变量名称	题项	修正后的项与总计相关性	删除该项的 Cronbach's Alpha 值	Cronbach's Alpha 值
环境动态性	ED1	0.678	0.851	0.869
	ED2	0.797	0.801	

续表

变量名称	题项	修正后的项与总计相关性	删除该项的 Cronbach's Alpha 值	Cronbach's Alpha 值
环境动态性	ED3	0.775	0.811	0.869
	ED4	0.644	0.863	

在删除题项 PM4、PM5 后对整体量表进行信度检验如表 4 – 12 所示，总量表的 Cronbach's Alpha 系数为 0.919，表明该量表的稳定性和一致性较高，符合下一步研究需要。

表 4 – 12　　　　　　　　　整体量表信度分析

可靠性统计资料	
Cronbach's Alpha 值	项目个数
0.919	27

4. 效度分析

效度（validity）是指有效性，即测量工具或测量手段可以精确地测量出事物的范围，也就是心里所想，与实际所测数据呈现一致性程度如何。所以，本书通过探索性因子分析（EFA）和验证性因子分析（CFA）的模型拟合，完成量表效度的评价，即结构效度分析、收敛效度分析和区分效度的分析。

（1）结构效度。

KMO 的测量值在 0 ~ 1 的区间内，接近 1 的测量值代表了良好的测量效度。巴特利（Bartlett's）球形度检验基于相关系数矩阵，统计值显著性低于显著水平，表明本调查问卷的效度较好。

由表 4 - 13 可知，KMO 值为 0.906，Bartlett's 球形度检验的自由度为 351，显著性为 0.000，小于 0.01，说明整体量表的效度良好；可以对数据进行进一步的探索性因子分析。

表 4 - 13　　　　　　　　　KMO 和巴特利特检验

KMO 取样适切性量数		0.906
Bartlett 的球形度检验	上次读取的卡方	5182.799
	自由度	351
	显著性	0.000

第一，解释变量。

首先，本书考察了服务模块化的 KMO 和 Bartlett 球形度检验，以回应本书对于服务模块化维度划分是否合理之问题。由表 4 - 14 可见，服务模块化 KMO 值达到 0.864，满足最低标准 KMO≥0.5；此外，Bartlett 球形度检验的显著系数 0.000 < 0.01，因此，样本数据可以进行主成分分析。

表 4 - 14　　　　　服务模块化的 KMO 和巴特利特检验

KMO 取样适切性量数		0.864
Bartlett 的球形度检验	上次读取的卡方	1883.015
	自由度	28
	显著性	0.000

其次，利用主成分分析法，提取了服务模块化的两个公因子，累计方差解释率为 78.364%，超过了学术界规定的 60% 的最低标准。与本

书将服务模块化分为产品模块化、组织模块化两个维度相匹配,具体如表 4 - 15 所示。

表 4 - 15　　　　　　　　　　　　　总方差解释

元件	初始特征值			提取载荷平方和			旋转载荷平方和		
	总计	方差百分比（%）	累加（%）	总计	方差百分比（%）	累加（%）	总计	方差百分比（%）	累加（%）
1	4.617	57.716	57.716	4.617	57.716	57.716	3.586	44.827	44.827
2	1.652	20.647	78.364	1.652	20.647	78.364	2.683	33.537	78.364
3	0.483	6.043	84.406						
4	0.429	5.362	89.768						
5	0.312	3.906	93.674						
6	0.217	2.715	96.389						
7	0.151	1.891	98.280						
8	0.138	1.720	100.000						

注:提取方法为主成分分析法。

最后,采用 PCA 分析法得到旋转成分矩阵,如表 4 - 16 所示,旋转后各公因子载荷超过 0.6 这一基本准则,说明本书的变量已经通过效度检验而不再作调整。

表 4 - 16　　　　　　　　　　　　　旋转成分矩阵

题项	元件	
	1	2
OM3	0.904	
OM2	0.894	
OM1	0.829	

续表

题项	元件	
	1	2
OM5	0.763	
OM4	0.742	0.308
PM2		0.917
PM3		0.901
PM1		0.897

第二，被解释变量。

首先，本书考察了双元创新绩效的 KMO 和 Bartlett 球形度检验，以回应本书对于双元创新绩效维度划分是否合理之问题。由表 4－17 可见，双元创新绩效 KMO 值达到 0.909，符合 KMO ≥ 0.5 的最低标准；另外，Bartlett 球形度检验的显著系数为 0.000 < 0.01，因此，样本数据可以用于主成分分析。

表 4－17 **双元创新绩效的 KMO 和巴特利特检验**

KMO 取样适切性量数		0.909
Bartlett 的球形度检验	上次读取的卡方	1452.973
	自由度	45
	显著性	0.000

其次，采用主成分分析法，提取了双元创新绩效中的两个公因子，累计方差解释率达到 63.355%，超过了学者们设定的 60% 的最低标准。与本书将双元创新绩效分为两个维度，即渐进式创新绩效和突破式创新绩效相匹配，具体如表 4－18 所示。

表 4 – 18   总方差解释

元件	初始特征值			提取载荷平方和			旋转载荷平方和		
	总计	方差百分比（%）	累加（%）	总计	方差百分比（%）	累加（%）	总计	方差百分比（%）	累加（%）
1	4.841	48.408	48.408	4.841	48.408	48.408	3.739	37.388	37.388
2	1.495	14.947	63.355	1.495	14.947	63.355	2.597	25.968	63.355
3	0.711	7.109	70.464						
4	0.625	6.249	76.713						
5	0.557	5.568	82.280						
6	0.460	4.595	86.875						
7	0.420	4.195	91.071						
8	0.336	3.360	94.430						
9	0.304	3.036	97.467						
10	0.253	2.533	100.000						

注：提取方法为主成分分析法。

最后，采用 PCA 分析法得到旋转成分矩阵，如表 4 – 19 所示，旋转后各公因子载荷超过 0.6 这一基本准则，说明本书的变量已经通过效度检验而不再作调整。

表 4 – 19   旋转成分矩阵

题项	元件	
	1	2
BP3	0.855	
BP2	0.846	
BP1	0.840	
BP5	0.797	

续表

题项	元件	
	1	2
BP4	0.790	
IP3		0.752
IP1		0.751
IP2	0.342	0.708
IP4		0.684
IP5	0.381	0.531

第三，中介变量。

首先，本书对资源整合能力进行 KMO 及 Bartlett 球形度检验，从表 4 - 20 可以看出，资源整合能力的 KMO 值为 0.875，符合 KMO≥0.5 的最低标准；另外，Bartlett 球形度检验的显著系数为 0.000 < 0.01，因此，样本数据可以用于主成分分析。

表 4 - 20　　　　　　　　资源整合能力的 KMO 和巴特利特检验

KMO 取样适切性量数		0.875
Bartlett 的球形度检验	上次读取的卡方	761.773
	自由度	10
	显著性	0.000

其次，采用主成分分析法提取为一因素结构，如表 4 - 21 所示，累计方差解释率达到 67.693%，大于学者们设定的 60% 的最低标准。

表 4 − 21 总方差解释

元件	初始特征值			提取载荷平方和		
	总计	方差百分比（%）	累加（%）	总计	方差百分比（%）	累加（%）
1	3.385	67.693	67.693	3.385	67.693	67.693
2	0.492	9.847	77.540			
3	0.436	8.720	86.260			
4	0.367	7.341	93.601			
5	0.320	6.399	100.000			

注：提取方法为主成分分析法。

最后，采用 PCA 分析法得到旋转成分矩阵，如表 4 − 22 所示，旋转后各公因子载荷超过 0.6 这一基本准则，说明本书的变量已经通过效度检验而不再作调整。

表 4 − 22 旋转成分矩阵

题项	元件
	1
RI3	0.858
RI4	0.835
RI1	0.817
RI2	0.804
RI5	0.800

第四，调节变量。

首先，本书对环境动态性进行 KMO 及 Bartlett 球形度检验，从表 4 − 23 可以看出，资源整合能力的 KMO 值为 0.819，符合 KMO ≥ 0.5 的最低标准；另外，Bartlett 球形度检验的显著系数为 0.000 < 0.01，因此，样本数据可以用于主成分分析。

表 4 - 23 环境动态性的 KMO 和巴特利特检验

KMO 取样适切性量数		0.819
Bartlett 的球形度检验	上次读取的卡方	625.076
	自由度	6
	显著性	0.000

其次，采用主成分分析法提取为一因素结构，如表 4 - 24 所示，累计方差解释率为 71.914%，大于学术界规定的 60% 的最低标准。

表 4 - 24 总方差解释

元件	初始特征值			提取载荷平方和		
	总计	方差百分比（%）	累加（%）	总计	方差百分比（%）	累加（%）
1	2.877	71.914	71.914	2.877	71.914	71.914
2	0.505	12.630	84.544			
3	0.373	9.316	93.861			
4	0.246	6.139	100.000			

注：提取方法为主成分分析法。

最后，采用 PCA 分析法得到旋转成分矩阵，如表 4 - 25 所示，旋转后各公因子载荷超过 0.6 这一基本准则，说明本书的变量已经通过效度检验而不再作调整。

表 4 - 25　　　　　　　　　　旋转成分矩阵

题项	元件
	1
ED2	0.896
ED3	0.883
ED1	0.816
ED4	0.792

综上所述，根据聚合指标的总体特征发现各个公共因子与设计的问卷的六个变量的类别基本没有出入，这六个因子分别是服务组织模块化、服务产品模块化、渐进式创新绩效、突破式创新绩效、资源整合能力、环境动态性。由此表明问卷量表题目在预调研问卷的基础上进行了有效的修改，目前的设计已比较合理，有利于后续模型的检验和修正。

（2）收敛效度。

验证性因子分析的目的是检验变量分析的合理性，并进一步评价所建模型的收敛效度和区分效度。其中结构效度在前文中已经通过验证。有关于收敛效度，通过表 4 - 26 和表 4 - 27 可知，通过对服务产品模块化、服务组织模块化、资源整合能力、突破式创新绩效、渐进式创新绩效、环境动态性等各潜在变量的 AVE、组合信度指标进行分析，满足 AVE > 0.5 以及 CR > 0.7 的标准，结果显示该量表具有较好的内在一致性，收敛效度良好。

表 4 - 26　　　　　　　　M1 常用拟合指数计算结果

拟合指数	CMIN/DF	GFI	RMR	RMSEA	NFI	TLI	CFI	IFI
初始模型	1.507	0.921	0.026	0.036	0.935	0.974	0.977	0.977

表 4 – 27   效度分析

变量名称	平均提取方差 AVE	组合信度 CR
服务产品模块化	0.8089	0.9269
服务组织模块化	0.6697	0.9093
资源整合能力	0.6072	0.8853
突破式创新绩效	0.6629	0.9075
渐进式创新绩效	0.5179	0.8420
环境动态性	0.6523	0.8815

（3）区分效度。

通过表 4 – 28 可知，服务产品模块化、服务组织模块化、资源整合能力、突破式创新绩效、渐进式创新绩效和环境动态性之间具有显著相关性，而且相关系数的绝对值要小于潜在变量的平均提取方差（AVE）的平方根，表示变量间存在一定的相关，但又有很好的区别效度。

表 4 – 28   福内尔和拉克尔（Fornell – Larcker）区分效度检验

变量名称	F1	F2	F3	F4	F5	F6
产品模块化	0.89939					
组织模块化	0.522 ***	0.81835				
资源整合能力	0.29 ***	0.391 ***	0.77923			
突破式创新绩效	0.352 ***	0.392 ***	0.382 ***	0.81419		
渐进式创新绩效	0.404 ***	0.353 ***	0.372 ***	0.645 ***	0.71965	
环境动态性	0.521 ***	0.496 ***	0.397 ***	0.406 ***	0.385 ***	0.80765

5. 共同方法偏差检验

采用哈曼（Harman）单因素检验法检验共同方法方差，如果因子分析的结果表明只有一个共同因子，或者第一个共同因子的解释方差大于50%，则认为存在共同方法方差。本书采用上述方法，结果如表4-29所示，第一个共同因子的方差解释率是30.597%，所以可以认为没有出现严重的共同方法偏差。

表4-29　　　　　　　　　共同方法偏差检验结果

成分	初始特征值			提取载荷平方和		
	总计	方差百分比	总计	方差百分比	总计	方差百分比
1	8.873	30.597	30.597	8.873	30.597	30.597
2	2.960	10.207	40.804	2.960	10.207	40.804
3	2.355	8.121	48.924	2.355	8.121	48.924
4	1.979	6.823	55.747	1.979	6.823	55.747
5	1.666	5.744	61.491	1.666	5.744	61.491
6	1.635	5.637	67.128	1.635	5.637	67.128
7	1.324	4.565	71.693	1.324	4.565	71.693
8	0.722	2.491	74.184			
9	0.693	2.390	76.574			
10	0.590	2.033	78.607			
11	0.550	1.898	80.506			
12	0.509	1.756	82.262			
13	0.489	1.688	83.949			
14	0.446	1.538	85.488			
15	0.435	1.499	86.987			
16	0.406	1.400	88.387			
17	0.374	1.289	89.675			
18	0.372	1.283	90.958			
19	0.344	1.185	92.144			

续表

成分	初始特征值			提取载荷平方和		
	总计	方差百分比	总计	方差百分比	总计	方差百分比
20	0.330	1.137	93.281			
21	0.304	1.047	94.327			
22	0.285	0.981	95.308			
23	0.257	0.885	96.193			
24	0.238	0.821	97.014			
25	0.233	0.804	97.818			
26	0.196	0.674	98.492			
27	0.176	0.608	99.101			
28	0.138	0.475	99.576			
29	0.123	0.424	100.000			

6. 相关性分析

本书使用 SPSS 软件分析了服务产品模块化、服务组织模块化、资源整合能力、突破式创新绩效、渐进式创新绩效和环境动态性变量之间的相关性，发现各变量间显著正相关，如表 4 - 30 所示。变量两两之间显著正相关为后续变量间的关系研究提供初步的支持，同时也为后文进行结构方程模型检验提供了依据。

表 4 - 30 相关性分析

变量	相关性	1	2	3	4	5	6
产品模块化	Pearson 相关	1					
组织模块化	Pearson 相关	0.492**	1				

续表

变量	相关性	1	2	3	4	5	6
资源整合能力	Pearson 相关	0. 260 **	0. 346 **	1			
渐进式创新绩效	Pearson 相关	0. 369 **	0. 327 **	0. 310 **	1		
突破式创新绩效	Pearson 相关	0. 322 **	0. 364 **	0. 330 **	0. 562 **	1	
环境动态性	Pearson 相关	0. 482 **	0. 458 **	0. 366 **	0. 338 **	0. 377 **	1

注：** 表示相关性在 P < 0. 01 上显著（双尾）。

7. 结构方程模型分析

（1）初始模型分析。

本书基于模块化理论、服务创新理论等理论，建立了服务业服务模块化对资源整合能力、双元创新绩效的影响机制模型，目的在于了解服务经济背景下服务模块化与企业创新绩效之间的前因后果，以便在此基础上积极探索研究，并进一步促进服务模块化以及提升服务企业的资源整合能力与创新绩效。

由于本书的目的是讨论多个变量之间的因果关系，因此选择了高性能的建模软件 AMOS 进行结构方程模型检验。针对问卷中得到的数据信息，结构方程模型是很好的检验方法，并且选择结构方程模型来分析可以提供更好的解释力。

本书的初始模型结构如图 4 - 2 所示：

采用最大极大似然方法（ML 方法）估算了该模型的参数，在表 4 - 31 中列出了适度指数和模型参数估算的运行结果。

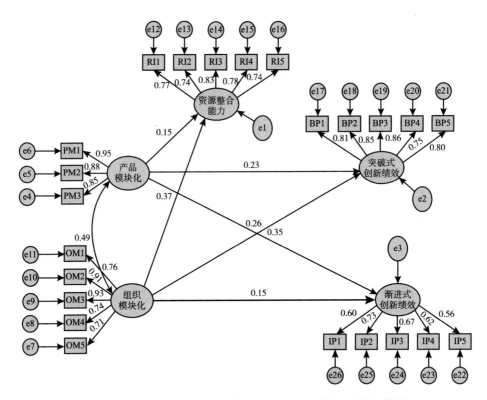

图 4 - 2　服务模块化、资源整合能力与双元创新绩效基本模型

表 4 - 31　　　　　　　M2 常用拟合指数计算结果

拟合优度指标	理想数值	本书模型值
卡方值自由度比（CMIN/DF）	< 3.0	1.742
GFI	> 0.9	0.904
RMSEA	< 0.08	0.049
NFI	> 0.9	0.913
TLI	> 0.9	0.956
CFI	> 0.9	0.961
IFI	> 0.9	0.961

由表 4 - 32 以及图 4 - 2 的路径系数可知，服务产品模块化与资源整合能力、服务产品模块化与突破式创新绩效、服务产品模块化与渐进式创新绩效、服务组织模块化与资源整合能力、服务组织模块化与突破式创新绩效、服务组织模块化与渐进式创新绩效的标准化路径系数均达到显著水平，其 C. R. 值分别为 2.323、3.379、4.425、5.145、3.860、1.995，C. R. 值的绝对值都大于 1.96，P 值均小于 0.05。这说明服务产品模块化对双元创新绩效有直接影响，即 H1a、H1c 得证；服务组织模块化对双元创新绩效有直接影响，即 H1b、H1d 得证；而服务产品模块化和服务组织模块化又都对资源整合能力有显著影响，即 H2a、H2b 得证。

表 4 - 32　　　　　　　　　　初始模型路径系数检验结果

路径	标准化路径系数	S. E.	C. R.	P
资源整合能力 <--- 服务产品模块化	0.154	0.006	2.323	0.020
突破式创新绩效 <--- 服务产品模块化	0.226	0.076	3.379	***
渐进式创新绩效 <--- 服务产品模块化	0.349	0.034	4.425	***
资源整合能力 <--- 服务组织模块化	0.366	0.085	5.145	***
突破式创新绩效 <--- 服务组织模块化	0.263	0.104	3.860	***
渐进式创新绩效 <--- 服务组织模块化	0.146	0.042	1.995	0.046

注：*** 表示在 0.001 水平上显著，C. R. 值即为 T 值。

在此基础上进一步分析可以发现，服务模块化与双元创新绩效之间的关系清晰可见。从突破式创新绩效来看，服务产品模块化、服务组织模块化与突破式创新绩效之间的路径系数分别为 0.226、0.263，因此，可以认为与服务产品模块相比，服务组织模块化对突破式创新绩效的正向影响更大。同样，从渐进式创新绩效来看，服务产品模块化、服务组织模块化与渐进式创新绩效之间的路径系数分别为 0.349、0.146，因此，可以认为与服务组织模块相比，服务产品模块化对渐进式创新绩效的正向影响更大。

（2）中介模型分析。

中介模型是指在服务产品模块化、服务组织模块化与双元创新绩效基本模型的基础上增加了资源整合能力对突破式服务创新绩效与渐进式服务创新绩效的直接联系，通过这种方式来检验资源整合能力是否在服务模块化和双元创新绩效之间起到中介作用。

本书采用学术界最常用的巴伦（Baron）和肯尼（Kenny）的方法对资源整合能力在这一过程中的中介作用进行了实证研究。具体的判断依据是：自变量影响因变量，自变量影响中介变量，当引入中介变量后，自变量对因变量的影响程度减弱甚至不再产生影响。进一步地，研究者将中介效应进行分类讨论，划分为完全中介效应和部分中介效应。如果引入中介变量后，自变量与因变量之间的路径系数下降，且路径系数不再显著，这意味着该变量是完全中介。如果引入中介变量后，自变量和因变量之间的路径系数减少，但路径系数仍然显著，则说明该变量是部分中介。

基于以上验证方法验证本书的中介模型，如图 4 - 3 和表 4 - 33 所示，由于服务模块化对双元创新绩效产生正向影响，服务模块化对资源整合能力产生正向影响的两个前提条件已经在基本模型中得到证实，故只需要对引入中介变量后的情况进行讨论。

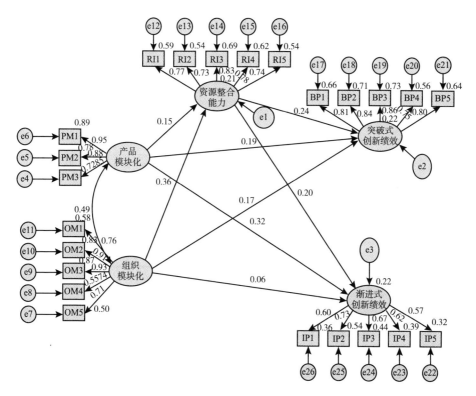

图 4 – 3　中介模型

表 4 – 33　　　　　　　　　　M2 常用拟合指数计算结果

拟合优度指标	理想数值	本书模型值
卡方值自由度比（CMIN/DF）	< 3.0	1.668
GFI	> 0.9	0.910
RMSEA	< 0.08	0.046
NFI	> 0.9	0.918
TLI	> 0.9	0.960
CFI	> 0.9	0.965
IFI	> 0.9	0.965

进一步分析引入中介变量后的模型结果，如表4-34所示。资源整合能力与突破式创新绩效、渐进式创新绩效之间的路径系数分别为0.306、0.099，分别在P<0.001、P<0.01的水平上达到显著，这表明资源整合能力对突破式创新绩效和渐进式创新绩效都有显著的正向影响，由于第一条路径系数高于第二条，可以得出结论：资源整合能力对突破式创新绩效的正向影响效应高于渐进式创新绩效。至此，H3a、H3b得证。

表4-34　　　　　　　　　　整体模型路径系数检验结果

路径	标准化路径系数	S. E.	C. R.	P
资源整合能力 <--- 服务产品模块化	0.134	0.060	2.233	0.026
突破式创新绩效 <--- 服务产品模块化	0.217	0.076	2.870	0.004
渐进式创新绩效 <--- 服务产品模块化	0.138	0.034	4.106	***
资源整合能力 <--- 服务组织模块化	0.435	0.086	5.035	***
突破式创新绩效 <--- 服务组织模块化	0.257	0.107	2.393	0.017
渐进式创新绩效 <--- 服务组织模块化	0.037	0.044	0.841	0.400
突破式创新绩效 <--- 资源整合能力	0.306	0.085	3.595	***
渐进式创新绩效 <--- 资源整合能力	0.099	0.036	2.739	0.006

引入资源整合能力与双元创新绩效的作用关系后，服务产品模块化与突破式创新绩效、渐进式创新绩效之间的路径系数分别为0.217<0.226，0.138<0.349，并且在P<0.01和P<0.001水平上达到显著。服务组织模块化与突破式创新绩效之间的路径系数为0.257<0.263，在P<0.05水平上达到显著。而服务组织模块化与渐进式服务创新绩效间的路径系数为0.0992<0.146，在P>0.1的水平上不再显著，即引入资源整合能力之后，服务组织模块化对渐进式创新绩效的作用消失了。按

照学术界对完全中介和部分中介的界定，本书认为资源整合能力在服务产品模块化与突破式创新绩效、渐进式创新绩效以及服务组织模块化与突破式创新绩效之间起部分中介作用。而资源整合能力在服务组织模块化与渐进式创新绩效之间起完全中介作用。基于此，可以得出资源整合能力在服务模块化与双元创新绩效关系中起到中介作用。

　　为保证结论的可靠性，本书还按照普利彻和海耶斯（Preacher & Hayes，2008）的建议，采用 Bootstrap 5000 次的重复抽样，对模型中的服务模块化、资源整合能力和双创新绩效的中介作用进行了检验。这种重复抽样方法在统计学功能上更强大，测试结果更稳健，并且多个中介效应和整体中介效应可以同时进行检验。如果95%的置信区间不包含零，那么中介效应的点估计值被认为是显著的。检验结果如表 4 - 35 所示，在95%的概率水平下，H4a、H4b、H4c、H4d 的置信区间分别为 [0.005 - 0.102]、[0.001 - 0.037]、[0.054 - 0.255]、[0.012 - 0.091]，均不包含 0，因此，H4a、H4b、H4c 和 H4d 得证。

表 4 - 35　　　　　　　　　　中介效应模型的路径系数

中介路径	效应值	SE	Bias-corrected 95% CI		
			Lower	Upper	P
产品模块化 - 资源整合能力 - 突破式创新绩效	0.041	0.024	0.005	0.102	0.022
产品模块化 - 资源整合能力 - 渐进式创新绩效	0.013	0.009	0.001	0.037	0.024
组织模块化 - 资源整合能力 - 突破式创新绩效	0.133	0.051	0.054	0.255	0.001
组织模块化 - 资源整合能力 - 渐进式创新绩效	0.043	0.019	0.012	0.091	0.008

8. 调节效应分析

　　进行调节效应检验主要通过使用 SPSS 22.0 逐次加入变量进行回归

分析，由于对服务创新绩效引入了二元性，故需要分类讨论，即环境动态性对服务产品模块化和服务组织模块化与渐进式创新绩效调节效应模型，环境动态性对服务产品模块化和服务组织模块化与突破式创新绩效调节效应模型。在每个分模型中，首先对自变量与因变量进行回归分析，即服务产品模块化和服务组织模块化与渐进式创新绩效的回归模型；而后依次加入调节变量、自变量与调节变量的交互项进行逐步回归；采用同样的步骤对以突破式创新绩效作为因变量的分模型进行回归分析。表 4-36 是所有关于调节变量的检验结果。

表 4-36　　　　　　　　　　　调节变量检验结果

因变量	变量	回归系数	R^2	P
渐进式创新绩效	环境动态性	0.112	0.184	0.002
	环境动态性 × 服务产品模块化	0.065	0.195	0.020
	环境动态性 × 服务组织模块化	0.032	0.195	0.982
突破式创新绩效	环境动态性	0.264	0.197	***
	环境动态性 × 服务产品模块化	0.019	0.197	0.697
	环境动态性 × 服务组织模块化	0.055	0.197	0.745

调节变量的检验结果表明，有三个系数在 95% 的置信区间显著，分别是环境动态性对渐进式创新绩效的回归系数、环境动态性对突破式创新绩效的回归系数、环境动态性 × 服务产品模块化对渐进式创新绩效的回归系数。因此研究 H5b 被接受，H5a、H5c、H5d 未得到支持。

进一步地，利用海斯（Hayes，2012）开发的 SPSS 宏中的模型 1（Model1，一个简单的调节模型），对环境动态性在服务产品模块化和渐进式创新绩效之间的调节作用进行简单斜率分析，如图 4-4 所示。

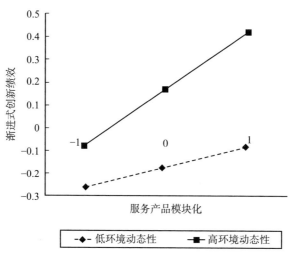

图4-4　环境动态性在服务产品模块化与渐进式创新绩效的调节作用

高分组的斜率大于低分组的斜率，因此环境动态性增强了服务产品模块化对渐进式创新绩效的影响，即环境动态性正向调节服务模块化对渐进式创新绩效的影响。

9. 实证分析结果与讨论

本书依次使用了探索性因子分析、验证性因子分析、结构方程模型和回归分析，探讨了服务产品模块化、服务组织模块化、资源整合能力、双元创新绩效和环境动态性之间的关系，实证检验结果如表4-37所示。

表4-37　　　　　　　　　　假设检验结果

研究假设	检验结果
H1a：服务产品模块化正向影响突破式创新绩效	支持
H1b：服务组织模块化正向影响突破式创新绩效	支持

续表

研究假设	检验结果
H1c：服务产品模块化正向影响渐进式创新绩效	支持
H1d：服务组织模块化正向影响渐进式创新绩效	支持
H2a：服务产品模块化正向影响资源整合能力	支持
H2b：服务组织模块化正向影响资源整合能力	支持
H3a：资源整合能力正向影响突破式创新绩效	支持
H3b：资源整合能力正向影响渐进式创新绩效	支持
H4a：资源整合能力在服务产品模块化对突破式创新绩效的影响中起中介作用	支持
H4b：资源整合能力在服务产品模块化对渐进式创新绩效的影响中起中介作用	支持
H4c：资源整合能力在服务组织模块化对突破式创新绩效的影响中起中介作用	支持
H4d：资源整合能力在服务组织模块化对渐进式创新绩效的影响中起中介作用	支持
H5a：环境动态性在服务产品模块化与突破式创新绩效的关系中起调节作用	不支持
H5b：环境动态性在服务产品模块化与渐进式创新绩效的关系中起调节作用	支持
H5c：环境动态性在服务组织模块化与突破式创新绩效的关系中起调节作用	不支持
H5d：环境动态性在服务组织模块化与渐进式创新绩效的关系中起调节作用	不支持

本书共提出 16 条研究假设，其中 13 条假设得证，3 条研究假设未通过检验。研究结果表明，服务产品模块化对渐进式创新绩效和突破式创新绩效都有显著的正向影响，由于服务产品模块化与渐进式创新绩效之间的系数高于服务产品模块化与突破式创新绩效之间的系数，因此，服务产品模块化对渐进式创新绩效的正向影响高于对突破式创新绩效的影响。同理，服务组织模块化对渐进式创新绩效和突破式创新绩效都有明显正向影响，服务组织模块化与渐进式创新绩效之间的系数要小于服务组织模块化与突破式创新绩效之间的系数，因此，服务组织模块化对突破式创新活动绩效的正向影响要大于对渐进式创新绩效的影响。

从资源整合能力视角来看，服务产品模块化和服务组织模块化都对资源整合能力产生正向影响，由于服务产品模块化与资源整合能力之间的路径系数为小于服务组织模块化与资源整合能力之间的路径系数，因此服务组织模块化对资源整合能力的正向影响程度大于服务产品模块化对资源整合能力的正向影响程度。关于资源整合能力的中介作用，服务模块化与双元创新绩效之间存在四条作用路径：服务产品模块化→资源整合能力→突破式创新绩效，服务组织模块化→资源整合能力→突破式创新绩效，服务产品模块化→资源整合能力→渐进式创新绩效，服务组织模块化→资源整合能力→渐进式创新绩效。关于环境动态性的调节作用，环境动态性对服务产品模块化与渐进式创新绩效之间的关系有积极影响，即高环境动态下，服务产品模块化对渐进式创新绩效的影响更强。

4.2 服务业服务模块化水平对开放式创新绩效影响的实证分析

现代管理学之父彼得·德鲁克（Peter Drucker）早在 1990 年就曾预言，20 世纪末的企业组织将是模块化组织。当下，服务与制造彼此交融，服务在产业当中的比重有上升的趋势，服务模块化组织将成为企业组织的重要表现形式。

文化创意产业是以创造力为核心的新兴产业，该产业的价值创造主要源自服务产品和服务要素的创新，服务创新能力是整个产业发展的关键因素。能否通过实施或者提高服务模块化程度来提高文化创意产业创新能力，从而带动价值创造的提升，对于文化产业的持续发展具有重要的研究价值。

因此，以 10 家有代表性的江西文化创意企业为例，通过建立模型、问卷调查、分析数据着手进行探究。

4.2.1　服务业服务模块化水平测量指标选取

前面已经说过，服务模块化是一个多维概念，通过服务模块化分工和集成重构价值创造体系并以此嵌入全球价值链的高端环节，对于促进区域产业升级具有重要的战略意义。余长春和吴照云以民航服务业为研究对象，通过探索性案例分析，从分工、集成和界面三个维度探究了服务模块化运行中的价值创造问题。李柏洲和徐广玉讨论了知识黏性、服务模块化与知识转移绩效的关系。魏江、刘洋和赵江琦探索了服务模块化与组织整合的匹配关系。陶颜和魏江对服务模块化的概念、研究脉络和研究基准等进行了梳理，并提出了未来的研究方向。

但是对于服务模块化来讲，最大的难题在于概念的界定和水平的测量。这两者在学术界的争论由来已久，一方面是因为从产业经济的角度无法较好地解析服务模块化水平的定义，另一方面是因为服务模块化领域的学者也很难从产业经济的角度去解释服务模块化水平涵盖的内容。李柏洲和徐广玉使用模块自律性和界面标准化来测量服务模块化，佩卡里宁（Pekkarinen）和乌伊库涅米（UIkuniemi）认为，服务模块化是由服务产品、流程、组织和顾客界面组成的合并型多维构念。沃斯（Voss）和宣（Hsuan）选用了服务节点数量、联系数量、替代数量等效果指标构建服务模块化测量模型。本书综合了部分有代表性的论点，结合文化创意产业的特点，从服务模块化三个内生维度入手，提出了标准界面设置、松散耦合关系和服务定制化三个指标的测量体系。

4.2.2 服务模块化测量过程

1. 数据收集

参考了范志刚（2014）、瓦伦（Worren，2002）、米考拉（2003）和林（2004）相关量表的设置，以 10 家江西文化创意企业为样本，进行服务模块化水平测量的数据收集工作。

2. 问卷设计、发放与回收

以调查问卷的形式从这些企业内部员工采集了标准统一界面、松散耦合关系和服务定制化水平的相关数据，共发放问卷 400 份，回收 305份，剔除无效问卷 73 份，有效问卷 232 份。问卷发放的对象包含以上10 家企业的工作人员，职位中高层人员占 7%、中层人员占 31%、基层人员占 62%。

3. 信度效度检验

采用 Cronbach's α 系数的大小来衡量调查本问卷的信度，将以上 232份问卷标准化处理后做信度检验得到的三个维度的 Cronbach's α 分别为0.783、0.791 和 0.712，整体问卷的 Cronbach's α 系数为 0.691，全部达到了问卷设置的基本要求。接着对问卷做效度分析，采用因子分析模型，KMO 取值在 0 ~ 1，KMO 值越大说明变量之间的关联性越强越适合做因子分析，当 KMO 值在 0.7 ~ 0.8 时是适合做因子分析的。在本问卷中因子模型适应性分析中问卷数据的 KMO 值为 0.697 接近 0.7（KMO = 0.667，Chi – Square = 524.012，df = 143，p = 0.000），并且通过了显著性水平为 0.05 的 Bartlett 的球形度检验，该问卷具备了做因子分析的前提。

在因子分析中，采用主成分分析法提取因子，具备信度的 18 个问题一共提取了 5 个主成分，这 5 个主因子解释的方差将近 72.21%，因此这 5 个因子在解释变量方面较为理想。通过具有凯撒（Kaiser）标准化的正交旋转法后得到因子载荷，5 个主成分的包含题项对问卷的方差贡献度度分别为 22.342%、18.435%、12.545%、10.345%、8.545%，且 18 个题项只在某一个主成分上的载荷较大，因此每一道题目都具有一定效度。

4. 模型设定

引入的测量服务模块化的模型为：

$$M_3 = \frac{N_{within} - N_{between}}{N_{within} + N_{between} + N_{rule}} \qquad (4-1)$$

其中，N_{rule} 代表设置的标准界面中依赖关系的总和，此变量与服务模块化中的标准界面的设置能多大程度上满足模块化运作的需求呈负相关；N_{within} 代表各模块内部实际存在的依赖关系总和，此变量与服务模块的划分水平呈正相关，代表服务组织中模块划分难易程度，是服务定制化水平的特征；$N_{between}$ 代表着各个模块之间实际依赖关系的总和，此变量与模块间的松散耦合水平呈负相关。当 $M_3 = 1$ 时，说明此系统是完全模块化的；当 $M_3 = -1$ 时，说明该系统是完全非模块化的。一般而言，M_3 介于 $-1 \sim 1$。

5. 数据处理结果及分析

由问卷调查所获数据，代入上述测量服务模块化程度的模型，得到如表 4 - 38 所示数据结果。

表 4 - 38 服务模块化程度测量数据结果

企业	N_{rule}	N_{within}	$N_{between}$	M_3（%）	排序
A	818	242	468	- 14.82	9
B	862	271	522	- 15.17	10
C	178	464	380	8.3	8
D	646	822	462	18.65	7
E	378	491	249	21.72	6
F	424	425	130	30.1	4
G	291	530	484	35.1	3
H	642	578	224	24.49	5
I	576	247	174	72.8	1
J	248	586	486	72.6	2

由表 4 - 38 可以看出，测量目标中 A、B 的 M_3 值是小于 0 的，这说明在这 2 家企业中，服务模块内部的依赖关系总和是小于服务模块之间的依赖关系总和的，也就意味着这 2 家企业的服务模块化程度较低，其各个部分之间的关系不完全属于松散耦合关系，其中某个部分发生改变就会引起整个集体的感知并迫使整个组织发生变化，资源协调性较差，服务多样化不足，服务模块化特征不显著。并且，由于这三者 N_{rule} 值较大，说明其对于标准界面的依赖较大，整个企业服务模块化过程中的标准界面设置难度也较大，需要较高的成本，因而其服务模块化效率并不高。由 C 企业服务模块化程度开始出现正值，此时的 C 企业内部服务模块化构架基本形成，构架形成的诸多拥有独立关系的子模块可以在系统标准界面的框架内，完成自身组织和产品功能改善与创新，但是由于其

服务模块化程度并不高，因此企业内部事物协调减少的同时也会出现知识交换成本较高合作意识降低，其对业务流程的依赖关系总和较高，服务模块化组织的优势无法体现。再看第四名的 F 企业，F 企业的 $N_{between}$ 值最低，这说明在 F 企业内部，整个企业服务模块之间的联系较为松散，符合服务模块化即插即用的特点，这种关系能够降低整个企业协调部门协同各个关系的难度，增大各个服务模块的独立自主性，在合理的标准界面设置下，各个服务模块能够及时抓住文化创意产品技术与市场创新的前沿，为了保持在主模块内部自己的核心竞争力而不断创新，极好地满足了文化创意服务多样化需求，体现出服务模块化的协调性、创新性和同步性。

4.2.3　开放式创新绩效的测量过程

1. 模型选择

主流的价值创造测量很多，包括主成分分析法、模糊评价、密切值法、人工神经网络、平衡计分卡和层次分析法（AHP）模型等。这些模型或者需要设定前沿生产函数，或者对数据要求过高，或者缺乏相对评价标准，或者需要设定权重主观性太强。为了克服这些不足，本书引入博弈交叉效率 DEA 模型对服务模块价值创造进行测量。

博弈交叉效率 DEA 模型是指，假设有 n 个具有可比性的单元（DMU）。每个 $DMU_j(j=1, 2, 3, \cdots, n)$ 都有 m 种输入（消耗量）和 s 种输出（产出量），分别将 DMU_j 的第 i 种输入和第 r 种输出记为 $x_{ij}(i=1, 2, 3, \cdots, m)$ 和 $y_{rj}(r=1, 2, 3, \cdots, s)$，我们假定参与评定的各个决策单元为博弈"参与人"，"参与人"在不降低其他"参与人"效率值的基础上最大化自己的效率值。

DMU_j（相对于 DMU_d）的博弈 d - 交叉效率值为：

$$\partial_{dj} = \frac{\sum\limits_{r=1}^{s} \mu_{rj}^{d} y_{rj}}{\sum\limits_{i=1}^{m} \omega_{ij}^{d} x_{xj}}, \quad d = 1, 2, \cdots, n \qquad (4-2)$$

式中，μ_{rj}^{d} 和 ω_{ij}^{d} 是 CCR 模型的可行权重，对于式（4-2）中的博弈 d - 交叉效率，对于每个决策单元可以考虑以下数学模型：

$$\max \sum_{r=1}^{s} \mu_{rj}^{d} y_{rj}$$

$$\text{s. t.} \sum_{i=1}^{m} \omega_{ij}^{d} x_{il} - \sum_{r=1}^{s} \mu_{rj}^{d} y_{rl} \geqslant 0, \quad l = 1, 2, \cdots, n,$$

$$\sum_{i=1}^{m} \omega_{ij}^{d} x_{ij} = 1$$

$$\partial_d \sum_{i=1}^{m} \omega_{ij}^{d} x_{id} - \sum_{r=1}^{s} \mu_{rj}^{d} y_{rd} \leqslant 0$$

$$\omega_{ij}^{d} \geqslant 0 \quad \mu_{rj}^{d} \geqslant 0 \quad i = 1, 2, \cdots, m \quad r = 1, 2, \cdots, s$$

$$(4-3)$$

式（4-3）即为在 DMU_d 的效率值大于等于 ∂_d（初始取值为 DMU_d 的传统平均交叉效率）的情况下最大化 DMU_j 的效率值。对于 DMU_j，式（4-3）对每个 $d = 1, \cdots, n$ 计算 n 次。式（4-3）代表 DMU_j 关于 DMU_d 的博弈交叉效率。

无论初始参数在取何种策略下，博弈交叉效率 DEA 模型中的博弈交叉效率收敛且唯一。

该模型无须知道投入产出关系，且避免了权重假设和参数估计，保证了结构的客观性，但是由于 DEA 在评价过程中结果不唯一，通过分析资源类型引入二级函数可能导致结果重复，无法排序等问题，实际的决策单元绩效测评时，决策单元往往表现出相互竞争的态势，这种相互竞争态势往往通过非合作博弈表现出来。

博弈交叉效率 DEA 通过有限次迭代最终获得唯一收敛值，解决了传统 DEA 多重结果的弊端。同时由于该模型的二级函数设置是在不降低自身效率的前提下尽可能使得其他单元的效率最大化，这很好地诠释了服务模块化内部子模块之间的生产关系。因此，此模型对于服务模块化价值创造测量更具有现实合理性。

2. 指标选取

本书选取上述 10 家江西省文化创意企业中的 3 家分别获取了这 3 家企业 2014 年企业相关情况，包括注册资金、主营产品、创新情况和竞争优势等相关数据；还有 2 家企业数据主要来自政府部门的调研数据和部分学者发表的研究成果等；另外 5 家企业的数据资料来自《2014 - 2018 年江西省文化创意产业运行态势及投资前景分析报告》。

依据 2.2 节中的分析，本书对于价值创造的测量主要从研发投入、创新成果价值、创新知识应用和创新优化四个维度进行测量。测量维度如表 4 - 39 所示。

表 4 - 39　　　　　　　　　开放式创新绩效测量指标

一级指标	二级指标
研发投入	科学研究与实验发展（R&D）投入资金
	企业从业人员中 R&D 的人员比例
	技术开发活动的基础设施投入
	企业对于技术研发部门的资金投入占主营业务的比例
创新成果价值	企业百名研发人员拥有的授权发明专利数
	企业百名研发人员拥有的文化创意产品版权价值

续表

一级指标	二级指标
创新成果价值	企业百名研发人员承担的文化创意产业计划项目数
	企业具有核心技术特征的创新成果获奖数
	自主创新的产权市场价值
创新知识应用	企业人员平均文化程度
	创新队伍稳定性
	企业人员平均专业化水平
	引入组织创新的程度
创新优化	企业创新服务销售收入占主营业务收入的比例
	创新资金增长率
	创新项目平均周期
	企业的创新服务项目的市场占有率

3. 数据处理结果及分析

通过将测量指标的相关数据代入式（4 - 3），计算结果如表4 - 40
所示。

表4 - 40 DEA 效率值

企业	CCR 效率	交叉效率模型效率值				博弈交叉效率排名
		博弈交叉型	进攻型	温和型	普通型	
A	0.5432	0.4432	0.2430	0.3423	0.2901	9
B	0.5091	0.4699	0.1904	0.3123	0.2311	10
C	0.6842	0.5628	0.3331	0.5112	0.4532	8
D	0.6901	0.6623	0.3451	0.4013	0.3878	7
E	1.0000	0.9892	0.7848	0.9077	0.888	3
F	1.0000	1.0000	0.8821	0.9993	0.9101	1

企业	CCR 效率	交叉效率模型效率值				博弈交叉效率排名
		博弈交叉型	进攻型	温和型	普通型	
G	1.0000	0.9992	0.8422	0.9612	0.8902	2
H	0.9312	0.8831	0.5371	0.6121	0.5460	4
I	0.8103	0.7909	0.5400	0.6467	0.6001	6
J	0.8901	0.8012	0.6302	0.7911	0.6921	5

可以看出，在 CCR 效率模型中，E、F 和 G 的效率都是 1，这为效率排序增加了难度；同时，处于第 1 名的 F，作为江西文化企业十强，在本次排名中位居第一，而排名第二的 G 则是一家注册资金 5000 余万元、总资产达 2 亿元的旅游文化企业，目前企业整体营业性投资达 10 亿元，年销售收入达 2 亿元，在江西省文化产业领域具有较大影响力。由此可见，仅仅通过 CCR 效率模型是较难测量对比服务模块化程度带来的价值创造大小的。

博弈交叉效率 DEA 效率收敛值计算结果如图 4-5 所示。通过 15 次迭代，所有被评价单元的效率值最终收敛。将 10 家文化创意企业的博弈效率收敛值与服务模块化程度值汇总如表 4-41 所示。

在服务模块化价值创造效率上，10 家企业由高到低的排序为 F、G、E、H、J、I、D、C、B、A；在服务模块化程度上，10 家企业的排序则为 I、J、G、F、H、E、D、C、A、B。可以推断，服务模块化水平在一定程度上影响了企业的价值创造，当两个企业的服务模块化程度接近的时候，其价值创造也比较接近，这说明服务模块化程度与价值创造之间拥有数量上的关联。通过对比可以发现，在服务模块化程度上排名前两位的 I 和 J 在价值创造的排名分别在第六和第五，这两家企业的服务模

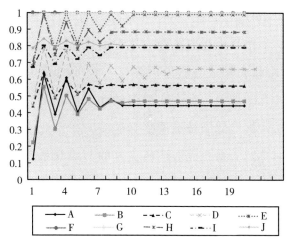

图 4 - 5　博弈交叉效率收敛值

表 4 - 41　　　　　　　　服务模块化程度与价值创造排名对比

企业	博弈交叉效率值	效率排名	模块化程度（%）	程度排名
A	0.4432	10	- 14.82	9
B	0.4699	9	- 15.17	10
C	0.5628	8	8.3	8
D	0.6623	7	18.85	7
E	0.9892	3	21.72	6
F	1.0000	1	30.1	4
G	0.9992	2	35.1	3
H	0.8831	4	24.49	5
I	0.7909	6	72.8	1
J	0.8012	5	72.6	2

块化程度分别为 72.8% 和 72.6%，高于排名第三的 G 和第四的 F 的 35.1% 和 30.1%。但是，在价值创造的排名上却被反超，从服务模块化程度第三、第四名开始，服务模块化程度对价值创造的正向影响开始显

现出来，如图4-6所示，图中企业的价值创造是随着服务模块化程度的提高而提升，A和B作为服务模块化程度最低的两家企业，其价值创造在10家企业中排名垫底。其原因在于，较低的模块化程度表现为在组织之间较高的互动依赖，在企业组织的动态演化下，单个组织或部门的服务创新极易让其他部门被迫调整与适应，在企业内部形成了部门单元之间相互的不协调关系，无法达成良好的契约联系，对标准界面的设定不足使得整个企业内部缺乏较好的组织协调性和业务整合能力，在组织之间易形成较高的信息壁垒，无法达成创新的同步性，从而导致价值创造偏低。E、F、G 3家企业作为价值创造最高的3家企业其服务模块化程度基本维持在20%~40%，良好的标准界面设置使得模块成员更容易理解企业内部机制层面的信息沟通，在解读业务协作和创新行为的时候更容易达成一致，同时由于标准的界面能够有效降低模块成员之间的信息交易成本，具备核心竞争力的模块成员能够主导整个创新活动的进程，遏制和规制其他成员的机会主义行为。

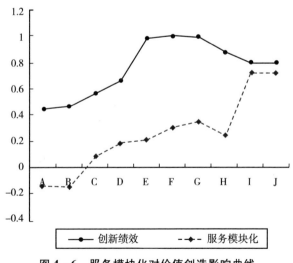

图4-6 服务模块化对价值创造影响曲线

服务模块化独特的松散耦合关系形成了各个部门之间的"创新淘汰赛",这种即插即用的模块化特征一方面使得各个模块之间在标准化的界面约束下尽可能地参与到创新活动中去以避免被"外来者"替换,另一方面要求各个模块成员必须及时地解读消费需求走向,不断调整模块创新方向并与其他模块保持良好的对接。因此整个企业内部具备强大的创新活力。作为服务模块化程度最高的 I 和 J 2 家企业,在价值创造的表现上并不突出,这说明服务模块化在达到某种程度后会影响价值创造的提升,甚至会对其产生负面影响,这是因为过高的服务模块化程度会加大标准界面的设置难度,提高服务模块化的模块划分成本,企业很难去架构一个协同系统去推动创新过程,服务模块化运作成本与风险太高。同时过高的模块化程度很有可能带来模块兼容的难题,对于 I 和 J 2 家企业来说,这种程度服务模块化水平意味着模块之间的松散耦合关系十分脆弱,这种脆弱将给各个组织之间的沟通带来极为繁杂的操作界面,从而破坏设计选择的多样性,带来模块运作功能的重叠和冲突,使得整个企业的创新动力不足。

4.3　本章小结

本章对服务产品模块化与双元创新绩效的关系、服务组织模块化与双元创新绩效的关系进行理论分析,并进一步提出资源整合能力的中介作用与环境动态性的调节作用,得到本书的 16 条相关研究假设,并构建出服务业服务模块化对双元创新绩效的影响机制模型。在构建的理论模型基础上,第一,进行研究设计工作,包括问卷的设计、变量的测量以及数据的收集;第二,完成对基本信息与变量两个方面的描述性统计分析、信度和效度分析以及共同方法偏差检验，达到检查样本数据质量的目的；第三，在确保数据有效性的前提下进行相关性分析，使用结构方程模型对服务业服务模块化、资源整合能力、双元创新绩效之间的关系假设进行检验；第四，使用 Bootstrap 法对资源整合能力的中介作用进一步检验，使用多元回归检验环境动态性的调节作用；第五，根据实证分析进行结果讨论。

通过以上测量发现，在文化创意产业内部，一定程度内的服务模块化通过标准界面设置，松散耦合关系上的作用直接影响企业价值创造，并且为正向影响，服务定制则是整个作用效果的映射。在标准界面和规则的约束下，一个模块成员无须知道其他模块成员的运作原理和机制，他只需要知道在标准界面下如何运用自身资源进行创新并且无须花费精力协调。松散耦合关系能够降低各个模块之间的相互依赖性，从而使得各个模块能够独立创新，如果一个模块由于风险而失效时，由于模块的即插即用性，会有新的模块取而代之，因此降低了创新风险，并且松散耦合关系能够极大降低各个模块之间的不兼容概率，大大提高创新类型和创新可靠性。服务定制作为模块化标准界面设置的主要导向，通过对消费市场的快速把握，及时的服务定制能够有效地调整整个服务模块化的标准界面，获得更高的服务生产效益。

由于模块的松散耦合关系导致其随时可以被替换，因此模块之间的潜在竞争就成为服务模块进行创新的原动力，通过服务模块之间的标准界面设定，所有服务模块都知道自己该干什么、能干什么，面对多变的文化创意产业大环境，整个服务组织能够及时地对市场做出反应，表现出极大的适应性。而服务定制化水平则在很大程度上是整个模块组织的外部显性特征的量化，模块化组织对市场的适应性、是否满足多样化的消费需求是服务模块化成功与否的关键。因此通过服务模块化的这三个关键要素，各个模块运用不同的技术创新手段，极大提高在标准界面下的价值创造，使得整个产业的服务满意度不断提高。

必须指出，过高的服务模块化会对价值创造带来负面影响，这种影响从两个方面降低企业的价值创造，一是提高标准界面设置的难度，二是破坏了模块间的可兼容性。由于文化创意产业所特有的高风险、高回报、投资收益期长的特点，对于江西文化创意企业而言，大部分都在进行创新的时候往往承担着过高的风险，资金雄厚的企业由于创意人才多、技术先进、管理高效，能够有效地填补高回报背后的高风险；但是一些较小的企业由于其业务单一，资金链容易受到创新本身的负作用影响，通过合理的服务模块化将整个产业进行功能合理划分，为大企业带来更有前景的创意点，为实现技术转移与业务外包创造条件，降低大企业的管理难度。小企业则依托服务模块化平台，借助大企业的资源优势快速发展，整个复杂的产业创新就演化成一个个服务模块化的协同创新，既相互独立创新，又共享创新资源，从而降低了创新风险。但是，过高的服务模块化并不能提升价值创造，服务模块化过程中需要关注的不仅仅是服务模块化所带来的效率提高，还应该看到过高的服务模块化带来的额外模块设计成本和较高的协调运作难度。

第五章

服务业服务模块化水平对开放式
创新绩效影响的案例分析

5.1 服务业服务模块化水平对开放式
创新绩效的作用机制

5.1.1 案例研究背景

服务业作为国民经济的半壁江山，对经济增长的"压舱石"作用愈益显现。为此，结合前文的理论研究，聚焦于服务业中的金融服务业及通信服务业，以科技服务业及生活服务业为代表的战略性新兴服务业，完成产业现状分析，目的是找出在行业发展和企业创新中取得突出成绩的领军企业。一方面，将丰富和发展服务模块化的基础理论；另一方面，通过对我国服务模块化发展的实践进行有益的探索，为其他行业/公司的发展提供理论参考和实践指导。

首先，作为一个知识密集型的服务行业，金融服务业在国民经济中发挥着重要的前瞻性作用，它是各个经济部门和各项经济活动的中间投入，通过金融服务来帮助企业实现自身的核心竞争力和业绩。其次，与发达国家相比，我国科技服务业的发展相对滞后，但在国家支持科技型企业自主创新相关政策的密集发力下，科研经费一直保持高速增长，得益于此，国内的科技服务业近年来也得到了比较快的发展。再次，随着5G等"新基建"加快发展，我国已经进入了新一轮的通信网络建设阶段，通信服务行业的发展潜力巨大。最后，生活服务业是国民美好生活的最直接载体，随着新一代信息技术的普及和发展，数字技术有效推动了生活服务业的数字化建设，整体发展势头迅猛。

5.1.2 案例分析框架

本书将服务业服务模块化分为服务产品模块化和服务组织模块化，以此探究其与资源整合能力、渐进式创新绩效、突破式创新绩效之间的作用机制。首先，服务产品模块化强调产品的模块化设计，以明确的服务要求为基础，对每个企业的能力要素进行模块化分解和优化整合，并强化专业优势。其次，组织模块化主要是通过组织结构的模块化和组织流程的模块化实现，前者表现为职能单位和经营单位的模块化，后者表现为将一体化流程分解重构为相对独立的子流程，具有高内聚低耦合的特征。再次，服务产品模块化和服务组织模块化均通过影响资源整合能力的形成进而影响双元创新绩效，同时，资源整合能力在服务模块化与双元创新绩效之间起中介作用，以上结论已通过定量分析证实。最后，更进一步地，本章通过对美团（MT）、华信邮电（HD）、中信证券（ZX）和中国移动（ZY）四家企业的案例分析，着重考察服务模块化、资源整合能力和双元创新绩效之间的关系机制，并考虑了环境动态性如何影响二者之间的关系。案例分析框架如图 5 – 1 所示。

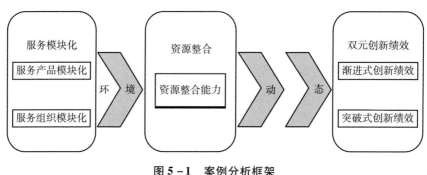

图 5 – 1　案例分析框架

5.1.3　研究设计与方法

1. 研究方法的选择

塔沙克里和特莱德（2012）认为结合定性和定量研究的混合方法分析是相辅相成、相得益彰的。前文已经完成基于问卷数据的定量研究，后续将从前述的理论模型出发，通过特定的案例对研究假设的因果关系进行解释和说明。此方法一方面，拉近了理论研究成果与现实生活情境的距离，更为容易理解抽象理论成果；另一方面，进一步对理论进行检验，提高了研究结论的可靠性。

案例研究的重点是通过案例研究突出情况，展示过程，并揭示关系。本书的关键问题是服务业服务模块化对双元创新绩效的影响机制，属于"为什么"和"怎么样"的问题，因此本书基于中国情境开展解释性案例研究。"为什么"和"怎么样"的问题富有解释性，回答这两类问题，往往涉及现象所发生的机制，本质上就是通过案例研究对产生现象模式的内在原因进行解释，探究隐含的理论机制。只有揭示出背后隐含的机制，才能深刻理解现象以某种特定方式发生和演变的因果逻辑。

2. 案例企业的选择

首先，案例数量的增加有利于研究整体信度和效度的提升，但也不宜过多，在现实中，没有理想的案例数量，多案例研究一般选取 4 ~ 10 个案例，因为少于 4 个案例就很难建立复杂的理论，除非案例中包含一些较小的案例，而超过 10 个案例就很难处理大量数据。其次，案例分析要发挥对既有实证研究的说明和复证作用，所选取的案例应当具有典型性与代表性。故本书选择美团（MT）、华信邮电（HD）、中信证券（ZX）和中国移动（ZY）4 家企业作为研究对象①，主要基于以下三点考虑：第一，样本企业均属于服务业，控制行业变量的基础上又涵盖了四个子行业——金融服务业、科技服务业、生活服务业和通信服务业；第二，样本企业都在一定程度上进行了服务模块化，在各自细分领域的实践经验更利于提供一般性启发；第三，样本企业均成立 10 年以上，既涵盖大型、中小型企业，又兼顾国有企业和私营企业，相关企业数据资料更稳定可靠。

3. 案例企业简介

本书选取服务业不同细分领域的企业作为案例企业，4 家案例企业的基本情况如表 5 - 1 所示。

（1）中信证券（ZX）：成立于 1995 年，公司的金融活动涵盖了证

---

① 案例资料来源：http：//www. soshoo. com。

券、基金、期货、外汇和商品等广泛领域，为 75000 多家企业客户和
1000 多万个人客户提供各种产品方案。

（2）华信邮电（HD）：成立于 1993 年，公司是中国信息行业领域
对外合作和创新科技的主要投资运作平台，逐步成长为新信息技术领域
具备全球化管理能力的创新型科技服务企业。

（3）美团（MT）：成立于 2011 年，从团购起家到覆盖吃喝住行，
平台 95% 的业务是服务，目标是成为中国第三产业最好的电商企业。

（4）中国移动（ZY）：成立于 2000 年，已经建立起一个覆盖面广、
连接质量高、服务水平高和服务多样化的移动网络，100% 覆盖全国县
（市），成为全球规模最大的通信运营商。

表 5 - 1 案例企业概况

公司	行业	基本情况	年份
中信证券	金融业	中信证券的金融活动涵盖了证券、基金、期货、外汇和商品等广泛领域，为 75000 多家企业客户和 1000 多万个人客户提供各种产品方案	1995
华信邮电	科技服务业	中国信息行业领域对外合作和创新科技的主要投资运作平台，逐步成长为新信息技术领域具备全球化管理能力的创新型科技服务企业	1993
美团	生活服务业	从团购起家到覆盖吃喝住行，平台 95% 的业务是服务，目标是成为中国第三产业最好的电商企业	2011
中国移动	通信服务业	已经建立起一个覆盖面广、连接质量高、服务水平高和服务多样化的移动网络，100% 覆盖全国县（市），成为全球规模最大的通信运营商	2000

4. 数据收集

多资料来源能够保证本书具备更良好的信度和效度，为此本书通

过对上述部分案例企业进行深度调研获得一手数据，此外还以图书、门户网站、企业官网发布的新闻资讯、用户评价及各种公开渠道发布的图文影音资料及学术论文作为二手数据。上述一手、二手资料互为补充，形成三角验证，通过校验的数据资料，才能用于观点的佐证。通过搜集、筛选与汇总，共形成56422字的文字资料，与前述模型进行匹配，形成丰富的文本支持，进而便于开展进一步的解释型案例研究。

5. 信度与效度保证

案例研究必须在信度和效度两个方面保证其规范性，具体分为构念效度、内在效度、外在效度和信度。

（1）构念效度。一方面构建了服务业服务模块化与双元创新绩效研究问题和研究结论的证据链，另一方面通过不同类型的数据资料来源，达到相互补充和交叉检查的目的。

（2）内在效度。在案例数据的分析过程中，建立了清晰的案例分析框架，并遵循因果关系逻辑展开。

（3）外在效度。跨案例研究往往可将案例分析结果推广到一类案例，因而选取多个案例分析具有概括推广的优势，可以得到更具普适性的研究结果。

（4）信度。建立案例资料数据库，形成具有可复制性的案例研究程序，方便反复检查比对，同时，通过背对背分析进行修正，最终达成一致。

5.1.4 案例分析

1. 质性数据分析与归纳

多案例研究在进行数据呈现时，通过表格的形式来展现构念、构念间关系特别有效，"构念表格"归纳总结了案例证据，增强了理论的可验证性。本书采用艾森哈特等（Eisenhardt et al.，2020）关于案例资料的处理方法，案例数据使用 Nvivo 软件进行三阶段编码。首先，编码是通过对原始数据资料的逐字逐句分析完成的，并经过对现象的仔细研究形成初步的概念和范畴类别。其次，完成对概念范畴的进一步提炼，主要通过聚合、编码、过滤、比较、总结和合并原始编码。最后，本书通过深入分析核心范畴、二阶范畴、一级标签及它们之间的逻辑关系，进一步得到理论框架，编码结果示例如表5-2所示。

表5-2　　　　　　　　核心范畴、二阶范畴和一级标签示例

核心范畴	二阶范畴	一级标签	典型事实证据
服务模块化	服务产品模块化	a9 产品分类模块 a10 产品功能设计模块 a27 产品组合定制	整个产品系列包括现金管理、固定收益、股权投资、关联浮动收益和另类投资（ZX） 充电和公共交通等个性化功能被隐藏在个人信息页面上由用户自由调配（MT） 为投资者偏好诉求对产品进行筛选，形成短期、中期和长期投资组合，以及激进型、稳健型、投机型等搭配（ZX）
	服务组织模块化	a11 分解流程 a12 标准化流程 a26 划分组织模块	营业部按照客户分析—产品匹配—服务营销为顾客提供产品或服务（ZX） 采用标准化作业流程，就是将业务模块拆分，建立一个标准化的流程，实现过程控制（MT） 为针对性解决客户问题，公司采取划分项目小组的方式推进业务，并格外注重对项目工程师的教培（HD）

续表

核心范畴	二阶范畴	一级标签	典型事实证据
资源整合能力	资源配置能力	a6 技术资源配置 a7 营销资源配置 a8 用户资源配置	围绕智慧城市，分为四大技术业务，即通信解决方案、光纤电缆和射频、企业网络和云计算、系统集成和软件服务（HD） 一个核心、两个基本点和七种策略支持服务营销（ZX） 围绕"外卖 + 平台"（Food + Platform），公司围绕"吃"这个核心，形成了用户平台以及到店、到家两个事业群（MT）
	资源获取能力	a13 资源交流基础 a14 资源开放平台	公司拥有先进的技术和设备，领先的信息技术，并拥有具备较好的资源交流的基础（HD） 基于 AI 和本地生活业务场景，该开放平台为合作伙伴提供自然语言处理、知识图谱、语音语义等核心人工智能技术资源（MT）
	资源利用能力	a15 共享信念的构建 a28 资源集成	开放外卖、店内餐饮、餐饮系统和快驴的业务能力，帮助生活服务行业的智能升级，共建开放共享的资源生态（MT） 核心企业负责收集和整合其成员企业的证券资源，并传播供求信息以促进交易（ZX）
双元创新绩效	突破式创新绩效	a20 细分客户群 a21 锁定新用户 a22 品牌协同效应 a23 定制化新产品 a24 新的服务	客户分级模块将现有客户划分为客户群，即细分为零售客户、高净值客户和机构客户（ZX） 主攻高校市场，后来进入写字楼白领市场，几乎占据了整个年轻消费城市（MT） 借助美团这个品牌，可以将各种各样的产品和服务结合在一起，让用户在进行选择的时候，产生更大的协同作用（MT） 部分产品可提供定制服务，以顾客为导向，向顾客提供服务价值选择权（ZX） 白领人群，没法挤到菜市场挑选，把菜市场搬到线上就成了新兴需求，美团买菜出现（MT）
	渐进式创新绩效	a16 设计相应功能 a17 规范服务培训 a18 服务及时响应 a19 利用技术优化流程	依据客户的具体需求，设计相应的功能模块（HD） 每一位工作人员都需进行行业规范培训，提供专业化的金融服务（ZX） 四类渠道数字化管理，实现渠道的合理分配、管理和培养，随时随地满足用户需求（MT） 使用大数据分析技术，不到 100 毫秒就能生成高效的规划路线（MT）

2. 服务产品模块化对双元创新绩效的影响分析

服务业企业对服务模块化的应用已经成为一种普遍趋势，本书所调查的4家企业都在不同程度上采用了服务模块化的策略。这种策略可以帮助企业更好地满足客户需求，提高服务质量和效率，同时也可以降低企业的成本和风险。在实践中，服务模块化可以通过将服务拆分成不同的模块，然后根据客户需求进行组合和定制，从而实现个性化服务和差异化竞争。总而言之，服务模块化还可以推动创新和改进，提高公司的竞争力和市场份额。

调研中发现，ZX对其产品进行了模块化分类，根据不同的投资期限、收益类型、对港股交易影响等，将其分为不同的类型，包括高风险和低风险的投资产品；同时，还对风险评级进行了分析，以确保客户能够获得最佳的投资回报。此外，ZX还提供了多种定制化新产品，以满足不同客户的需求，形成了短线组合、中线组合、长线组合，以及激进型、稳健型、投机型等多种金融理财产品组合，这些产品可以让渡价值选择权，为客户提供更多的服务价值。通过这种方式，亦可以为客户提供更多的选择机会和更大的自由度，从而达到突破式创新绩效提高的目的。

MT在产品设计中，通过嵌入模块化的功能设计，实现了更加灵活、便捷的操作方式，可以让用户自由调配自己的个性化功能。例如，在其开发的移动应用程序上，个性化功能的入口往往默认为隐藏状态，以充电和公共交通功能模块为例，用户可以通过这两个功能来自主调整自己的出行方式。这种服务的延伸不仅带来了运营收入的增长，而且还使用户体验更加便捷、舒适。

此外，HD还强调，为了更好地实现高效率、低成本的功能调整，应采用模块化设计，将不同的功能模块集成到一起，使系统更加灵活，更加容易定期维护。这样，不仅可以实现更高的效率、更低的成本，而且可以提供更有效的解决方案来完成项目交付，得益于此，HD 在业界树立起良好的口碑。

ZY 的通信服务创新本质上就是服务产品架构的模块化，它可以被看作一种全新的服务，其主要特点是基于服务的模块化设计，业内专家将这种设计形容为"可以理解为互联网应用的网络架构"。ZY 在手机媒体服务的模块细分，呈指数增加了给定输入得到的配置个数，这也给内容提供商带来了竞争压力。为了获得更多的市场份额，内容提供商需要通过竞争来提供功能模块，因而也是推动产品创新和服务价值提升的重要因素。

3. 服务组织模块化对双元创新绩效的影响分析

ZX 下辖营业部基于组织模块的分工改进业务流程，按照"客户分析—产品匹配—服务营销"展开，以此来实现渐进式创新，即在原有的基础上，将客户进行细分，根据不同风险等级的产品和服务来匹配适合的服务对象，从而提供不同风险等级的产品和服务。在业务流程改进中，以客户需求为核心，结合市场环境变化，对客户需求进行深入分析、把握和评估，以及采取有效的营销手段，提升客户满意度。

MT 采用标准化作业流程，旨在将业务模块拆分，建立标准化的流程，从而实现过程管控，确保每个步骤都按照标准进行操作，以满足客户的需求。正如 MT 联合创始人所言："在企业发展中我们的确需要通过一些固化的标准为用户提供更好的服务。"标准化作业流程的核心是要将公司业务模块划分成若干模块，并以此为基础进行拆分。这样做的好处在于能够实现流程化管理，从而使业务模块的分解和细化成为可能。对 MT 而言，通过建立标准化作业流程可以将一个相对复杂的问题分解为相对简单的小问题，从而能够让更多的人参与到问题解决中来，提高整个公司的效率。

HD 为了能够更加有效地解决客户的问题，公司采取了划分项目小组的方式来推进业务，并且特别注重对项目工程师进行培训，使他们能够更好地掌握技术知识，这提高了项目推进的效率并满足了公司客户的个性化需求。此外，公司还根据客户的具体情况进行工作，动态安排相应的组织模块，以便于更加有效地实施解决方案。

ZY 通过外部组织模块化，界定了组织间的互动规则，使其在手机媒体服务的产业网络中占据了有利的地位，从而使其可以更好地利用周边组织资源，获得较好的创新绩效。ZY 在手机媒体服务领域的运作模式已经超越了传统的组织边界，它通过高度的组织界面开放性，不仅将中国移动多媒体广播、腾讯、广电以及互联网内容提供商整合进来，更将用户涵盖到服务内容创新的过程中。

综上所述，通过对四家案例企业的梳理发现，服务模块化通过产品模块化和组织模块化对双元创新绩效产生积极作用，既包括改进服务质量、实现一定收入增长等方面的渐进式创新绩效，又包括表现为创新推出新产品和品牌声誉显著改善等方面的突破式创新绩效。总之，案例分析结果表明服务业服务模块化正向影响双元创新绩效，服务模块化水平越高，双元创新绩效越大。

4. 资源整合能力对服务模块化与双元创新绩效的影响分析

根据资源基础理论，一个公司的长期竞争优势来源于其独特的资源和能力。这些资源和能力可以包括技术、人力、资金、品牌、渠道、用户等方面。在这 4 家企业中，它们都具备强大的资源整合能力，并且分别进行了技术资源、营销资源和用户资源等方面的资源配置，是资源整合的典型参与者与实践者。通过资源的整合，使企业更好地适应市场的需要，提高产品和服务的质量和效率，从而获得更高的市场份额和利润。这种资源整合实践不仅可以帮助企业在竞争激烈的市场中立于不败之地，还可以为企业创造更多的商业机会和增长空间，实现可持续发展。因此，资源整合是企业提升创新绩效的重要保障，也是企业成功的关键之一。

ZX 通过将客户需求与模块功能进行匹配，为不同的客户群体实现不同的服务，以及在满足客户需求的基础上，通过构建价值供给链，实现资源的有效整合，从而有效地提升客户满意度和企业效益。同时，ZX 还提到核心企业负责收集和整合其成员企业的证券资源，并将其发布到外部市场，扩大资源使用的范围，使供需双方能够在此基础上达成交易。这种资源整合能力可以极大地促进 ZX 服务模块的开发，从而有效地提高创新绩效。因此，资源整合能力在 ZX 服务模块化与创新绩效之间发挥着中介作用。

在"外卖＋平台"（Food＋Platform）战略升级为"零售＋科技"的背景下，MT 公司也对组织结构进行了调整，建立了三个平台：美团平台、智能交通平台和核心研发平台，以及两个业务集团和若干事业部。美团平台提供基于人工智能及丰富的本地生活业务场景的核心技术资源，并提供广泛的应用程序编程（API）接口，包括自然语言处理、语音语义、知识图等。智能交通平台则专注于打造智慧交通体系，为线下商业提供全渠道、全场景的解决方案。核心研发平台则基于核心技术资源，提供产品与业务的数据分析和运营能力，以及多个产业的应用技术。该平台还汇集百万级门店商家资源和 4 亿用户资源，并通过 AI 和大数据等技术，激活无限创新潜能。此外，MT 公司还拥有两个业务集团和若干事业部，旨在将技术与业务紧密结合起来，实现线上线下全渠道运营。

HD 公司围绕智慧城市的发展，将技术业务分为四大服务模块：通信解决方案、光纤电缆和射频、企业网络和云计算、系统集成和软件服务。每个模块的分类都使资源得到了有效的配置，从而更好地满足不同领域的需求。在资源获取方面，HD 公司技术装备先进，信息化领先，具备较好的资源交流的基础，能够有效运用行业全新的资源，更好地满足合作伙伴的需求。

ZY 在以通信服务模块为主线的基础上，通过逐步增加信息产品模块、社区沟通模块等，把丰富的多媒体资源和客户需求有机结合起来，使客户能够在获取信息的同时享受到更多的服务，同时也能够增强社区交流，促进客户满意度的提高。此外，ZY 还与广电网络和内容提供商在产业内部的不同业务"组织模块"进行"面对面"合作，在互惠共赢的关系基础上实现资源整合，开辟全新的市场，为客户提供更好的服务。

综上所述，通过对案例企业的梳理发现，一方面，服务模块化通过扩大资源使用范围、降低资源转换成本、发现并配置新资源的方式对资源整合能力产生促进作用；另一方面，资源整合能力的提升又通过促成交易、满足合作伙伴需求、开拓新的市场，使企业的创新业绩得到了有效的提高。总之，案例分析结果表明资源整合能力在服务业服务模块化与创新绩效的影响关系中发挥中介作用，为本书的研究假设提供现实支撑。

5. 环境动态性对服务模块化与双元创新绩效的影响分析

环境动态性指的是环境在时间和空间上的变化和演化，这种动态性反映了环境的不确定性，即环境变化的方向、速度和程度都是难以确定的。环境的不可预测性使得研究者难以准确预测和评估环境对企业发展的影响，因此需要进一步从现实案例中寻找答案。

ZX 面对复杂而充满挑战的国际环境和金融业的下行压力，积极探索产品创新，巩固其在债券市场的优势，并根据客户的需求，不断改进产品，使其满足客户的需求。同时，ZX 也积极把握政策变化的趋势，将国家发展和改革委员会鼓励的政策方向与客户需求相结合，在发行要素、增信方式、募集资金用途等方面进行模块化产品组合定制，使得产品更加符合客户需求，获得了不错的市场反响，实现了渐进式创新绩效的提升。

在互联网大环境下，市场竞争是一个永恒的话题，而模块化可以帮助企业有效地实现自身的发展，它可以帮助企业突出重围，很大程度上平整了信息壁垒，缓解了恶性竞争，同时还可以让用户更容易获得自己所需的服务。MT 在面对同期拉手网、窝窝团的外部竞争时，引入了模块化思想，通过模块的分解与集成来实现新旧产品的更替。在以前，用户只能选择淘汰或不淘汰某个产品，但是现在，用户可以根据自己的需要，随意组合这些模块来完成自己的需求。这种方式不仅简化了用户操作过程，而且还让用户获得更多选择权和多样性服务。此外，MT 还将这种思想引入其他应用中去，如地图导航、打车软件等，实现了服务的改进。

HD 能够提供差异化的无源光缆产品和解决方案，以满足不同客户和不同部署场景的个性化需求，从而充分满足光网络快速部署和易于维护的要求。科技服务业的环境动态性主要体现为行业的技术标准变化频率很高，这意味着市场上的技术和标准不断地变化，而这些变化都将对科技服务业产生深远影响。随着技术的不断发展，行业内的技术标准也在不断地变化，这将对 HD 原有的传统园区网络产生巨大影响。HD 原有的传统园区网络已经无法面对智能信息技术的发展趋势，云服务、海量数据交换等新技术需要科技园区配备更高要求的带宽。为了满足这种需求，HD 无源光纤系列的模块化设计是基于网络建设和部署快速便捷的安装要求，从而使网络部署效率提高了 40%。

面对 5G 时代的产业变革，ZY 作为一家通信服务商，为了响应国家对"新基础设施建设"的呼吁，正在加大对 5G 网络、数据中心和其他信息基础设施的投资，加速 5G 与各行各业融合，逐步形成"5G +"的模块组合，促进应用创新。在交通服务模块中，与无人驾驶公司合作，开通了全国首个无人公交线路。该线路不仅是国内首条基于 5G 技术的无人公交线路，更是全国首个基于 5G 网络的自动驾驶示范运营项目。在此基础上，公司还将继续拓展无人驾驶业务范围，让更多用户能够享受到高质量、低成本的自动驾驶出行服务。在商贸服务模块中，ZY 推出了 5G 消息触达服务，通过 5G 消息、语音、视频等方式提升客户体验。同时企业还将与合作伙伴一起积极探索 5G 在零售、餐饮等行业的应用场景，让消费者能够更加便捷地使用 5G 服务。在文旅服务模块中，ZY 推出了 5G + VR 体验。该体验可让用户沉浸式地感受到不同场景下的 5G 应用场景，让消费者能够更加直观地感受到 5G 技术所带来的全新体验。一系列模块应用的多点开花，有效推进了数字化发展水平的提升，取得了良好的市场反响。

综上所述，通过对案例企业的梳理发现，政策环境、竞争环境、技术标准、市场环境等的动态性，倒逼企业进行产品模块化创新。总之，案例分析结果表明环境动态性正向调节服务产品模块化对渐进式创新绩效的影响，为本书的研究假设提供现实支撑。

5.1.5 案例结果讨论

通过对质性数据进行编码化、结构化，使得隐藏于案例事件背后的因果逻辑关系得以显现，上述 4 家服务业企业的解释性案例分析结果，对本书理论模型形成了多重复证支持，具体如下。

第一，4 家案例企业都通过产品模块化或组织模块化实现收入的增长和服务质量的改进，促进渐进式创新绩效的提升，亦实现了新产品的率先推出和品牌形象的显著提升，直接指向突破式创新绩效的提高。

第二，4 家案例企业均通过强化资源整合能力，高效获取利用并配置企业资源，才能实现双元创新绩效。具体来看，一方面，4 家企业通过提升服务模块化水平，扩大资源使用范围，降低资源转换成本，增强了企业资源整合能力；另一方面，企业资源整合能力促成交易，最大限度满足合作伙伴需求，助力双元创新绩效增长。

第三，4 家企业在运营过程中都面对着不确定性的环境，包括政策环境、竞争环境、技术标准和市场环境等，企业要适应环境变化就会做出相应的调整，因而高环境动态性下，往往催生出产品和方案的升级，相对于低环境动态性，高环境动态性对服务产品模块化和渐进性创新的表现之间的关系有积极的调节作用。

5.2 服务业服务模块化水平影响
开放式创新绩效的典型模式

5.2.1 典型模式的构建

根据服务模块化网络价值创造的内涵及特点，结合相关文献资料，本书研究了影响服务模块化网络价值创造能力的三种典型模式——松散型价值创造模式、调和型价值创造模式、融合型价值创造模式，并进行相关分析。研究表明，服务模块化网络中各服务模块主体间关系强度和整个网络的融合度，对网络中服务模块主体间知识信息的流动具有重要影响，进而影响到价值创造效果。为了达到预期目标，服务模块主体通常因地制宜，选择适当的模式进行价值创造，以更好地促进知识及其他资源的协同，提高价值创造能力。

根据服务模块主体关系强度及网络结构融合度不同，可划分为三种服务模块化网络价值创造模式，如图 5－2 所示。

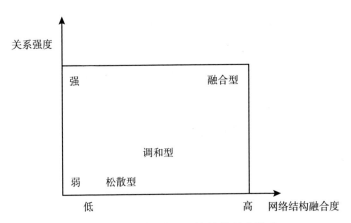

图 5－2　服务模块化网络价值创造模式

1. 松散型价值创造模式

在该模式中，各服务模块主体之间的联系比较松散，合作频率低且每次合作的持续时间较短。相互合作的服务模块主体之间缺乏交流所需的较成熟的技术水平，或者虽有交流但层次较浅，信任度低。因此，该模式呈现出低融合水平、弱联结关系的特征，大部分服务模块主体相互之间并无直接联系，即便是核心服务模块也只与少数其他成员服务模块具有合作关系。由于在该模式中各服务模块主体相互之间的联系松散、层次浅，而且弱关系的建立成本较低，因此服务模块企业进入和退出网络的门槛和成本均较低，从而导致该创新模式的稳定性较低。总之，合作的不深入导致网络中各服务模块主体的知识和资源不能充分地流动和利用，也不能充分发挥协同效应，总体上对价值创造是不利的。

2. 调和型价值创造模式

调和型协同是一种相对折中的价值创造模式。在该模式中，具有直接联系的服务模块企业之间的合作较为深入，交流也比较频繁，表现出较高的信任度，因此协同的各服务模块主体易采取积极的合作态度，能促进隐性知识更有效地转移。总的来说，在调和型价值创造模式下，服务模块主体之间的合作还是比较多的，协同效率较低松散型价值创造模式也有所提高，但合作依然不够深入，仍有部分参与价值创造的服务模块企业间并没有建立起很强的融合性关系，因此网络依然处于不稳定期，网络整体的协同能力有待提高，协同效应尚未充分发挥，属于不断发展的阶段。

3. 融合型价值创造模式

融合型价值创造模式更重视创新过程中把各个创新要素和创新内容集中在统一的操作平台，从技术形态、治理形态、契约形态、知识形态等多个维度进行全方位深度整合，为服务模块化网络价值创造提供了新视域。在该模式中，价值创造主体之间不仅直接联系多，并且大多进行的是较为深入的合作，相互间的信任度也很高。由于具有强关系、高融合特征，在服务模块化网络内形成了一种被各服务模块企业认可和遵循的网络"文化和规范"，网络结构比较稳定，无论服务模块成员退出还是进入都相对较难。在协同关系没有过度冗余之前，各服务模块主体之间的知识、资源由于流动和共享能充分发挥其价值，整个网络的价值创造能力较强。

5.2.2 典型模式评价

1. AHP 方法确定指标权重

（1）构建服务模块化网络价值创造模式评价模型。

（2）选择德尔菲（Delphi）法和 1～9 标度法构造各层因素之间的两两判断矩阵 Q 且满足：$a > 0$，$a_{ij} = 1/a_{ji}$，$a_{ii} = 1$

$$Q = \begin{bmatrix} q_{11} & q_{12} & \cdots & q_{1m} \\ q_{21} & q_{22} & \cdots & q_{2m} \\ \vdots & \vdots & \vdots & \vdots \\ q_{m1} & q_{m2} & \cdots & q_{mm} \end{bmatrix}$$

获取判断矩阵 Q 后，采用根法求解各准则权重向量，步骤如下：

第一步，计算 α_i，
$$\alpha_i = \sqrt[m]{\prod_{j=1}^{m} q_{ij}} \tag{5-1}$$

第二步，对向量做归一化处理可得，$\alpha = (\alpha_1, \alpha_2, \alpha_3, \cdots, \alpha_m)^T$，

令
$$w_i = \alpha_i / \sum_{k=1}^{m} \alpha_k \tag{5-2}$$

第三步，由式（5-1）和式（5-2）可分别计算得出一级指标和二级指标的权重：

$$w = (w_1, w_2, \cdots, w_n)^T \tag{5-3}$$

$$w_i = (w_{i1}, w_{i2}, \cdots, w_{in})^T \tag{5-4}$$

计算出各层级的指标权重，可以进一步得出二级指标相对于其上一

级指标的相对权重：

$$w^* = w \times w_i \qquad (5-5)$$

因其受到专家打分主观性判断的影响，需要对判断矩阵进行一致性检验，检验步骤如下：

第一步，求出一致性指标 $CI = \dfrac{\lambda_{\max} - m}{m-1}$ $\qquad (5-6)$

第二步，查表得到平均随机一致性指标 RI。

第三步，计算一致性比率 $CR = \dfrac{CI}{RI}$，当 $CR \leqslant 0.1$ 时，接受判断矩阵；否则，修改判断矩阵。

2. 逼近理想排序法（TOPSIS）方法评价指标

考虑到本书所构建的创新能力评价指标的非定量性，一般的评价方法无法客观准确地衡量指标权重并做出判断。逼近理想排序法（Technique for Order Preference by Similarity to Ideal Solution，TOPSIS）由黄（Hwang）和尹（Yoon）于1987年首次提出，是系统工程中有限方案多目标决策分析的一种常用的决策技术，近年来被广泛应用于多指标的综合评价中。这种方法通过构造多属性问题的正理想解和负理想解，并以靠近正理想解和远离负理想解两个基准作为评价各可行方案的判据。TOPSIS法具有分析原理直观、对样本容量要求不大以及受主观因素影响小等特点。鉴于此，本书通过专家打分构建判断矩阵，采用AHP分析计算各评价指标的权重，并与TOPSIS法相结合，以各样本企业到正理想解、负理想解的距离所确定的相对贴近度为评价标准对各种模式的创新能力进行判断分析。

根据专家意见，构建初始矩阵 X。

$$X = \begin{bmatrix} x_{11} & x_{12} & \cdots & x_{1q} \\ x_{21} & x_{22} & \cdots & x_{2q} \\ \vdots & \vdots & \vdots & \vdots \\ x_{p1} & x_{p2} & \cdots & x_{pq} \end{bmatrix}$$

$i = 1, 2, \cdots, p$；$j = 1, 2, \cdots, q$。其中，x_{pq}是第 p 家企业的第 q 个二级评价指标的评价值。

将矩阵 X 标准化为矩阵 R，再根据评价指标的权重 W^* 和标准化矩阵 R，建立加权模糊矩阵 V：

$$V = [v_{ij}] = r_{ij} \times w_j^* \tag{5-7}$$

确定正理想解和负理想解：

$$v^+ = \{(\max v_{ij} | j \in J^+), (\min v_{ij} | j \in J^-)\} = \{v_1^+, v_2^+, \cdots, v_n^+\}$$

$$v^- = \{(\min v_{ij} | j \in J^+), (\max v_{ij} | j \in J^-)\} = \{v_1^-, v_2^-, \cdots, v_n^-\}$$

$$\tag{5-8}$$

其中，$J^+ = \{效益型指标集\}$，$J^- = \{成本型指标集\}$。

计算到正理想解和负理想解的距离。到正理想解的距离是：

$$S_i^+ = \sum_{j=1}^m d(v_{ij}, v_j^+) = \sqrt{\sum_{j=1}^m (v_{ij} - v_j^+)^2} \tag{5-9}$$

到负理想解的距离是：

$$S_i^- = \sum_{j=1}^m d(v_{ij}, v_j^-) = \sqrt{\sum_{j=1}^m (v_{ij} - v_j^-)^2} \tag{5-10}$$

计算各方案的相对贴近度：

$$C_i^* = \frac{s_i^-}{s_i^- + s_i^+} \tag{5-11}$$

按相对贴近度的大小，对各方案进行排序。相对贴近度大者为优，相对贴近度小者为劣。

5.2.3　案例解析

通常，文化创意产业间以文化创意产业链为关联基础，而文化创意产业链之间又以文化创意产业聚集为理论基础，形成从企业集中到产业集中再到产业集群的文化创意产业服务模块化网络。就江西文化创意产业而言，江西文化创意产业群模块化进程的加速，实现了横向和纵向两条产业链服务模块化的价值增值。

从纵向产业链看，江西文化创意产业围绕"创意→输入→输出→分销与传播→最终顾客消费"等环节构成基本的纵向服务模块化产业链。以大学或者科研机构为首的文化创意源泉为起始点，或者通过分包将一些产品的创意开发纳入其业务而形成文化创意产业开发模块；金融服务模块的投资融资，提供了整个链条往下发展的资金支持，并分担了创意由虚拟向实体转化的关键一步；由于文化创意产品并非消费刚性需求，因此推广宣传模块中那些拥有资源与信息优势的传媒企业就成为产品走向市场的重要桥梁；基于产品高风险高附加值的特点，拥有地理区位优势的文化创意工业园区就成为整个产业集聚的最终形态。在纵向产业链的价值与信息传递的过程中，通过链式反应和关联效应而自发产生的服务流程模块化进程是整个链条显著的特征，主要包含内部服务模块、生产经营模块、外部服务模块和营销宣传模块四个方面的内容。这些服务模块之间以纵向产业群的形式通过耦合而稳定的接口进行信息传输与价值传递，其中价值链、生态链、地理区位、配套服务系统穿插其中，完成了纵向的产业集群模块化。从横向的产业集群视角来看，江西横向文化创意产业通常以同类型企业为基础，以服务外包或者委托代理的合作形态抑或竞争为主的非合作形态为主，通过产业集聚共生共存，同时在产业链条上的不同节点发挥作用形成规模经济。江西同类型文化创意企业在整个产业集群中通常是合作与竞争并存的态势，在组织形态上以模块化作为组织边界，以信息沟通平台作为模块的接口，以企业的核心技术与资源作为企业在横向产业集群竞争的关键模块，而以同质模块的资源共享（包括基础设施、文化背景、品牌、培训等）或者服务外包为主要的合作手段。通过纵向的、横向的产业集群效应，江西文化创意产业完成资源的合理分配，技术优势的共享与组织形态之间的信息沟通。

这种集群创新模式实现了各服务模块主体之间优势资源互补，构建出一个关联度极高的文化创意产业集群，成为前文所述服务模块化网络融合型价值创造模式的典范。本书根据专家咨询意见拟定对可行性方案的评价准则，建立服务模块化网络价值创造的层次结构模型，如图 5 - 3 所示，对服务模块化网络价值创造的不同模式进行评价。

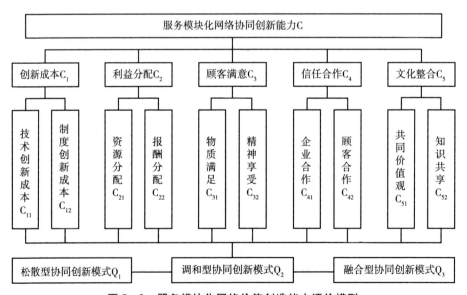

图 5 - 3　服务模块化网络价值创造能力评价模型

根据专家意见，可得出一级指标的原始判断矩阵为：

$$Q = \begin{bmatrix} 1 & 1.3 & 1/2.1 & 1.6 & 2.2 \\ 1.3 & 1 & 1/2.3 & 1.7 & 1.9 \\ 2.1 & 2.3 & 1 & 2.5 & 2.7 \\ 1/1.6 & 1/1.7 & 1/2.5 & 1 & 1.5 \\ 1/2.2 & 1/1.9 & 1/2.7 & 1/1.5 & 1 \end{bmatrix}$$

由式（5-1）和式（5-2）可得出一级指标权重向量为 $W = (0.21, 0.18, 0.36, 0.13, 0.11)^T$，经检验 $CR = 0.047$，满足一致性检验的要求。

再由专家意见给出二级指标的权重为 $W_1 = (0.42, 0.58)^T$、$W_2 = (0.37, 0.63)^T$、$W_3 = (0.29, 0.71)^T$、$W_4 = (0.65, 0.35)^T$、$W_5 = (0.62, 0.38)^T$。由式（5-5）可计算得出，二级指标相对于一级指标的相对权重为 $W^* = (0.088, 0.121, 0.066, 0.113, 0.104, 0.256, 0.085, 0.046, 0.068, 0.042)^T$。

由业内专家根据经验对各二级指标进行综合评价，打分值为 [0，10] 的区间范围。由此得到二级指标的综合评价矩阵为：

$$X = \begin{bmatrix} 6.3 & 7.2 & 4.5 & 3.6 & 7.8 & 4.7 & 5.2 & 8.1 & 5.3 & 6.4 \\ 5.7 & 8.2 & 4.9 & 5.2 & 8.0 & 6.3 & 6.0 & 7.2 & 4.9 & 6.3 \\ 7.4 & 6.5 & 5.6 & 7.8 & 7.5 & 8.5 & 6.6 & 6.2 & 5.1 & 6.0 \end{bmatrix}^T$$

先将矩阵 X 标准化为 R，再根据式（5-7）构建加权标准化矩阵 V。

$$V = \begin{bmatrix} 0.029 & 0.040 & 0.020 & 0.025 & 0.035 & 0.062 & 0.025 & 0.017 & 0.024 & 0.014 \\ 0.026 & 0.045 & 0.022 & 0.035 & 0.035 & 0.083 & 0.029 & 0.015 & 0.022 & 0.014 \\ 0.034 & 0.036 & 0.025 & 0.053 & 0.033 & 0.112 & 0.032 & 0.013 & 0.023 & 0.013 \end{bmatrix}^T$$

根据式（5-8）得出 3 种价值创造模式的二级评价指标的正理想解、负理想解，如表 5-3 所示。

表 5 – 3　　　　　　　　　二级评价指标的正理想解、负理想解

二级指标	正理想解 v^+	负理想解 v^-	二级指标	正理想解 v^+	负理想解 v^-
C_{11}	0.034	0.026	C_{32}	0.112	0.062
C_{12}	0.045	0.036	C_{41}	0.032	0.025
C_{21}	0.025	0.020	C_{42}	0.017	0.013
C_{22}	0.053	0.025	C_{51}	0.024	0.022
C_{31}	0.035	0.033	C_{52}	0.014	0.013

由表 5 – 3 及式（5 – 9）和式（5 – 10）可得各方案到正、负理想解的距离为：

$$S_1^+ = 0.058, \ S_2^+ = 0.035, \ S_3^+ = 0.010; \ S_1^- = 0.007, \ S_2^- = 0.026,$$

$S_3^- = 0.059$。根据式（5 – 11）可得各方案相对贴近度为：$C_1^* = 0.108$，$C_2^* = 0.426$，$C_3^* = 0.855$。因此各方案排序为 $Q_3 > Q_2 > Q_1$。

5.3　服务业服务模块化水平对开放式创新的作用路径

本书力图探究服务模块化是如何通过内生维度和外生维度两个方面影响价值创造的，但是目前对于这种影响，难以直接从文化创意产业中分离出来具体单独分析，只能通过系统观察找出具体方向。另外，相关的研究还没有一个具体严谨的框架，并不适合用解释性案例来分析。

在方向明确、结论还有待验证的前提下，本书采取探索式案例的分析方式结合文化创意产业中三个具体的案例进行探究。具体思路为：案例一探索服务模块化是如何通过"服务产品模块化 + 三个内生维度"影响价值创造的，案例二探索服务模块化是如何通过"服务流程模块化 +

服务定制"影响价值创造的，案例三探索服务模块化是如何通过"服务组织模块化＋三个内生维度"影响价值创造的。

5.3.1 服务产品模块化＋内生维度

随着文化创意旅游的日趋兴盛，消费者的消费需求也开始由注重旅游感受的单一目的转向更高阶段的注重旅游感受和文化氛围的双向需求，同时由于消费者对于个性化消费需求的不断增长，文化创意旅游需求一种服务理念的创新。鉴于此，途牛旅游推出了专门针对文化创意旅游定制出行计划的"牛人计划"①。通过途牛旅游构建的信息管理数据库系统，全国各大旅行社得以将包括客户、合作者、制造商和景区艺人在内的所有信息保存并由此制订相应的发团计划。信息管理数据库包括了住宿信息、交通信息、物价信息、保险理赔信息、集团客户信息、客户个人信息、景区艺人信息、顾客反馈投诉信息、导游信息、天气信息等等信息模块，这些模块包含了互联网技术、交通部门、气象部门、航空公司、酒店服务业和民俗艺人的技术与信息支持。

1. 命题 1：服务产品模块化能够促进价值创造

如图 5-4 所示，"牛人计划"在服务产品上进行了模块再组合创新，一是推出多条线路，包括旅行线路交叉选择，二是推出多种住宿档次，三是推出多种时间长度，四是推出多种文化创意体验项目，五是推出多位导游可供选择。途牛通过顾客信息模块，可以及时了解顾客的个人消费水平、旅行偏好、假期长短、旅游频率等个人信息，在大数据的

---

① 本部分案例资料来源：途牛旅游网，https://www.tuniu.com/。

支持下旅行社基于某种契约或者合作关系能够及时收到途牛的反馈来了解顾客需求，并以此制订相应的发团计划，并提前通知潜在客户，扩大了业务量的同时极大地节约人力成本。该信息平台帮助旅行社摆脱了相互之间恶意竞争的困境，也为旅行社制订可行的旅行出游计划提供支持，同时依托该平台，旅行社与消费者之间产生了很好的互动效果，消费者能够反馈给旅行社一些重要信息，比如导游的服务质量、旅游出行地的建议等。

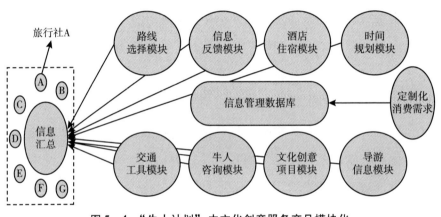

图5-4 "牛人计划"中文化创意服务产品模块化

资料来源：途牛旅游网。

事实上在某些特定的服务产业，服务产品模块化通常被分解为模块设计与模块制造两个部分，模块设计将整个节点上所有的部分按照其价值功能与参与程度高低分别"嵌入"统一的标准界面下，这种界面提供给所有部分统一的规则，使得每个部分在规则的限定下自主地进行创新，而模块制造则承担着在标准界面的限定下自主地制造专属模块的任务。这样做的好处在于，一方面使得整个界面里的所有同类生产元素都能够协调而有序地进行生产活动，极大地避免了同类型生产者的生产过剩、资源浪费以及恶性竞争。另一方面由于每个模块都在界面标准下，因此都会表现出一定的半自律性，又因为每个模块都是自主的创新结果，因此在复杂的市场环境下，每个模块都会被设计得足够效率，以避免被同类模块淘汰。也就是说，"牛人"项目被推出的过程中，每个产品模块都被精确、清晰又完整地界定，从而在庞大而繁杂的生产体系下被剥离得足够有序与标准。

2. 命题2：内生维度能够促进价值创造

首先，在服务模块化所特有的标准界面下，"牛人计划"中所有模块皆是通俗易懂且容易理解的，不需要消费者拥有专属知识，所有的模块都是通过旅行社与途牛间的项目融合来设计，这种设计能够平整信息壁垒，带来价值创造的提升。

其次，服务模块化所特有的松散耦合结构能够辅助完成服务系统的模块化创新，这种辅助功能体现在，一是通过评估服务体系内部同种模块的服务满意度，能够及时地完成模块功能的调整，二是通过模块间创新淘汰赛的机制，能够淘汰掉不能够满足整个服务创新构架的模块，从而提高价值创造。

最后，通过服务定制化，这种服务产品的模块化运作能够极大地提高服务定制化水平，让顾客拥有更大的自主性来选择自己的出游计划。由于文化创意项目模块的存在，顾客可以自主选择是否体验文化创意项目，体验哪些文化创意项目，通过途牛的信息反馈系统，各大旅行社能够及时收到这些反馈，并预约相应的项目安排好时间，减少了顾客旅游过程中的等待时间，为旅行社的旅游服务产品模块化创新互动提供了极大的推动力。旅行社能够通过收到的服务反馈，知晓哪些服务模块是受到欢迎的，哪些服务模块是不受欢迎的，从而调整自身的创新定位与模块设计，去掉不受欢迎的服务模块，强化受欢迎的服务模块，这样能够在整个体系的不断修正和改进中避免不受欢迎的创新活动，加强受欢迎的创新活动，从而提高价值创造。

3. 总结

本案例很好地说明了服务模块化是如何通过服务产品模块化和标准界面，松散耦合关系和服务定制三个内生维度影响价值创造的，如图 5 – 5 所示。通过对"牛人计划"推出的文化创意旅游项目的分析，本书发现，服务模块化分工导致服务体系中的服务功能、服务要素和服务项目等一系列服务因子被设计为模块化服务产品，单独构架并设计，每个模块产品之间的连接从紧密变成互相耦合，这种特殊的关系能够使得庞大而繁杂的系统因此简单而有序、高效而低耗。各个服务模块产品具备很好的独立性，在对其中的一个部分进行创新时，不必担心影响整个服务体系的运行，从而降低了每个模块的创新活动风险，同时由于松散耦合

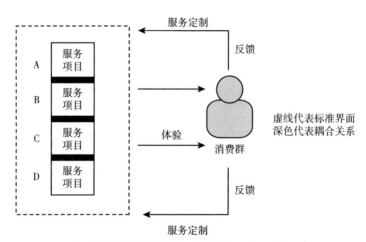

图 5 – 5 "牛人计划"中服务模块化内生维度的作用方式

资料来源：途牛旅游网。

的即插即用性，每项服务模块产品都能够很好地完成自身的自主创新以避免被淘汰，因此整个服务模块化过程极大地促进了价值创造的提升。

5.3.2 服务流程模块化 + 服务定制

伴随着现代服务业的不断发展和完善，服务系统开始从单一地提高服务体系创新效率，向既能满足服务体系创新效率，又能满足消费者的服务满意度两个方面看齐，但是由于服务系统的整体资源有限，在满足消费者的服务满意度上，通常采取的是服务定制化以满足消费者的多样化需求，但是这种定制化往往会限制服务系统的标准化流程，标准化流程被限制的情况，往往会导致该服务系统背离工业化背景下的分工和集成，无法大规模生产服务体系下的服务元素，使得整个服务体系创新效率低下。在此种情况下，作为一种服务模块化形式，服务流程模块化是否能够提供合适的服务流程解构方式，是十分关键的问题，由于电影业在文化创意产业中的这种现象十分普遍，因此本书选取了北京星美国际影城作为案例分析对象。

1. 命题 1：服务流程模块化能够促进价值创造

不同于传统的制造业模块化，服务业模块化有其内在的特殊性。首先，制造业主要以产品生产角度来阐述模块化，由于产品在生产过程中是不与消费者接触的，因此如何有效地运用模块化来节约产品生产和运输成本则是制造业模块化关注的焦点。而服务业模块化是以顾客体验为主要关注点，由于服务产品不同于普通有形产品，大多数服务产品是无形产品，在顾客介入服务流程后，如何提高顾客体验价值，实现顾客对服务的有效感知是重点，即能够实现快速响应消费者需求和满足消费者的个性化动态化的服务需要。

在服务流程模块化中有一种很好的思路，将服务业本身划归为前台后台，后台负责服务产品的生产、服务技术的支持、服务内容的改善、服务信息的传递。而前台主要负责服务过程的顾客价值消费，包括操作平台、服务流程、服务反馈、服务改善等关系顾客体验的互动过程。这里的前后台并不是我们传统意义上的"前后台"，而是基于服务流程的性质进行的模块化区分。如图 5－6 所示，从左到右是服务流程模块化的前后台模式，通过模块化接口为界限，分别是服务流程的可见和不可见部分，不可见部分包含了支持服务项目的各种程序、技术、设备和资金，可见部分包含了直接与客户产生互动的人员、平台和售后。

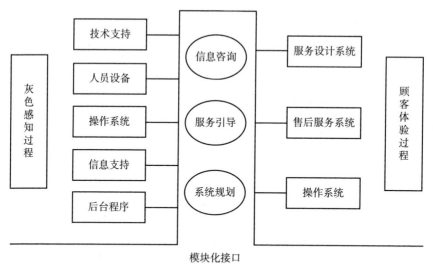

图 5－6　前后台模式

根据梅诺（Menor，2002）提出的观点，这种前后台模型的优势在于，后台提供高工业化和低成本的大规模定制，前台则提供满足顾客的多样化需求。通过这种前后台的服务流程分离，可以从根本上改变服务业的传统空间布局，使之呈现出更为复杂的结构，随着后台服务系统中信息技术和通信技术等高科技技术的不断发展，后台业务不仅可以高度集中以实现工业化的大规模生产，还可以通过外包给别的企业以降低成本加速后台服务业务的产业化变革，同时为服务型企业本身带来低廉的劳动力成本和运营维护成本。这种方法能够很好地解决服务定制化和服务生产效率之间的矛盾，并且已经被服务业实践广泛采用并取得了很大的产业优化效果。这是一种以消费者接触服务与否为界线的分离态势。

以电影观赏过程中顾客体验部分的服务流程模块化过程为例，消费者去电影院观看电影的时候，能够自主选择影院本身的服务内容，也能选择影院提供的那些配套服务，但是有些服务内容作为标准流程无法选择，如图5-7所示。可以选择的服务项目通常被设计在服务前台，而那些不可以选择的服务流程项目通常被设计在服务后台，服务流程从后台的标准化向前台的多样化延伸，在后台是以顾客无知为特征的服务支持系统为主，而前台则是以顾客感知为特点的服务提供系统，整个系统中多个行业多个企业的业务交融汇聚在一起，共同形成了以电影放映的服务体系为标准的服务嵌入系统。

后台的服务支持系统由于其标准化的特点而易于外包，简化服务系统，降低维护成本。前台的服务提供系统由于其多样化的特点而能够满足顾客的个性化消费需求，从而提升顾客满意度。事实上，模块化是实现服务多样性的前提条件，更是开展前后台服务分离的内在要求。针对服务系统的模块化，可以对不同性质的服务元素进行空间上的划分和组合，这里的前后台实际上是确定流程功能模块的性质归属问题。

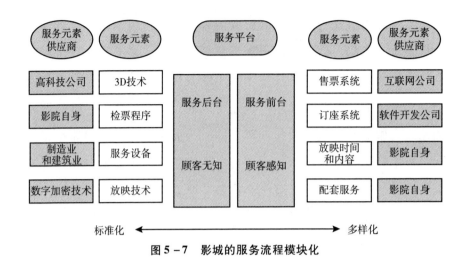

图 5 - 7 影城的服务流程模块化

由于整个观影过程实际上是由很多不同行业企业的不同功能业务的交叉所构成，这些交叉带来了企业与企业之间的专属接触方式，这种专属性以一种协商和契约的方式设计，这种方式能够极大地降低业务之间的信息交流的障碍，带来一种创新协同效果，提高整个系统的价值创造。通过将服务元素的可分解部分一一解构，整个观影系统形成了一个个极具创新活力的模块，消费者可以通过前台的服务元素自由组合来形成专属自己的服务体验，这样可以极大地提高消费者的服务满意度，同时一一解构的模块可以通过后台的大规模分工与生产达到规模经济的效果。这种解构实际上是一种很好的创新方式，通过这种方式能够极大地提高价值创造。

2. 命题 2：服务定制能够提升促进价值创造

本案例中服务的创新活动不仅局限于服务流程的模块化进程中，还广泛地存在于服务定制化的过程中，服务定制化作为服务模块化的一个内生维度，对价值创造也有提升作用。

消费者在进入影城之前是可以有多种购票方式选择的，在本案例中，消费者可以选择去影城现场购票，可以通过网络平台购票，还可以通过第三方平台购票，购买的方式也非常丰富，包括现金支付、信用卡支付、支付宝支付、微信支付和电子银行支付。消费者可以在购票过程中自主选择希望的放映厅档次、放映屏幕大小、购票停车一体化服务、放映内容和放映时间，同时在进入电影院的等待时间里，影院提供了极为丰富的服务内容，其中包括众多好莱坞风格经典影片的回廊展览、好莱坞经典电影衍生体验服务、光纤极速上网服务、高档咖啡休息区服务、专属图书馆提供图书阅读服务。在观看电影的过程中，影院为顾客提供了多种观影方式包括多种尺寸、巨幕（IMAX）等体验方式，为消费者提供多样式的自主选择服务内容，这种服务的定制化能够极大地丰富顾客的服务体验，使得每个顾客都能够为自己的服务内容进行个性化的定制而体现出个体服务的差异性。通过这种服务定制，影院能够将服务进行模块化解构，依据服务反馈系统影院能够很好地界定服务模块的受欢迎程度，从而决定在每个服务模块上进行修正和创新或者保持稳定。这样能够极大地促进单个模块的自主创新和服务系统的协同创新，从而提高整体价值创造。

3. 总结

服务模块化能够通过"服务流程模块化＋服务定制"的方式提高价值创造。通过分析电影业中的服务流程，本书发现：首先，信息技术的飞速发展带来了服务业从单一的服务接触到服务转移的很多可能性，这种转移被视为大规模定制化的一种途径。基于大批量定制的前后台分离是建立在服务流程模块化的基础之上的。流程模块化实现了面向顾客需求的服务功能的集成优化，区分并最大限度地提炼了通用型模块与定制型模块，为通用型模块的规模生产和定制型模块的个性化提供奠定了基础。在此基础上，对这些不同类型的模块进行前后台分离配置，就能更为有效地利用前后台的不同性质促进规模生产与大规模定制。其次，文化创意产业在实践中是一种从后台到前台的价值增值过程，无论是文化创意产品、设备还是平台都是运营系统的后台支持，每一家文化创意公司都是试图不断提高前台的服务多样化水平，降低后台的经济成本。这就给服务模块化理论在这个领域极大的延展性。

5.3.3 服务组织模块化 + 内生维度

北京本地存在着大量的文化艺术人才和文化创意工作室，但是规模往往都不大，其中有很多拥有较好的创意却缺乏资金。如何通过项目提供的资金和平台带动这些文化创意企业的发展成了重中之重。

考虑到这些现实因素，798文化创意产业园启动了"筑巢计划"，通过与周边高校进行合作，一方面为高校的学子们提供快捷、系统的文化产业培训，另一方面与工商银行北京分行合作筛选出具有文化创意潜力的项目为其提供无息贷款等优惠条件。借此一次性孵化了25家具有潜力的文化创意企业，如今这些企业已发展起来，为北京文化创意产业提供了极大的创新推动力和良好的社会效应，"青蓝印"项目就是其中的代表①。

青蓝印是由北京师范大学与798文化创意产业园联合开发的创意陶瓷展示体验中心，覆盖由传统出发延伸至当代艺术的各类创意陶瓷作品，青蓝印创意陶瓷展示体验中心共分为两个展示馆。青蓝印陶瓷展示

---

① 本部分案例资料来源：优易数据。

中心和青蓝印陶瓷体验中心，前者以展示陶瓷大师的作品、高端礼品和DIY创意为核心，后者主要用于陶瓷艺术的创意开发、生产制作和教育培训。

1. 命题1：服务组织模块化能够促进价值创造

在本案例中，青蓝印工作室与零点文化合作打造的创意服务模块，798总投资人新华安集团和中国工商银行北京分行合作开发的风险投资模块，由新华安集团、中国工商银行和青蓝印共同参与开发的收益分配模块，由北京师范大学和青蓝印工作室参与研发的人才培养模块，由百度糯米和意点文化创意传媒参与研发的创意推广模块，分别形成在了人才、投资、产品研发和创意推广四个阶段的四个主要模块，分布在文化创意产业所包含的四个重要阶段，如图5-8所示。

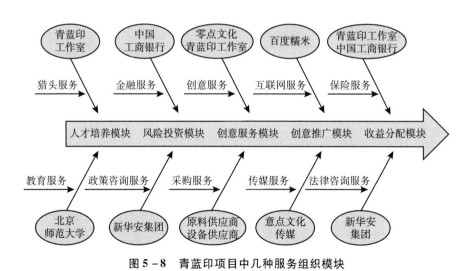

图5-8 青蓝印项目中几种服务组织模块

资料来源：优易数据。

可以发现，整个创意项目里的企业几乎涵盖了服务业中包括教育、咨询、传媒、影视、医疗保健、互联网服务、金融服务、传统文化等所有的服务要素，大量企业的业务交叉于文化创意产业这一特定领域，共同从事产品或者服务的设计、制造和整合。这种交叉形态促进了以核心创意和核心技术为主导的组织模块化标准界面的精准设计，基于标准界面所形成的联盟或网络关系比其他组织甚至是其他形式的网络更容易建立比较密切的纽带从而嵌入彼此组织内，获得由交易关系的双方或网络成员共同产生的协同效应。

通过新华安集团主导的信息服务系统，推广传媒系统和服务接洽系统，使得每个文化创意服务都能与标准的服务流程相配套，完成了798文化创意项目的服务创新，加上各种中介服务，比如法律服务、公关服务、政策咨询服务和猎头服务等服务行业一一嵌入组织网络中去，使得整个项目的模块化关系网络越加丰富。消费者通过体验其中的服务项目后产生的意见可以通过服务反馈系统反馈给顶层的模块设计者，即服务项目的核心资源持有人，由他们通过对模块化流程的局部修正或者重新设计，完成模块化系统的局部或者整体优化，如图5-9所示。

参与项目的很多组织在业务上有交叉重复，这些交叉重复因为模块化关系网络的作用而清晰有序，彼此拥有相对透明而快速的信息传递，不会有资源的浪费与恶性竞争的现象存在，同时这些组织的服务业务之间以一种松散耦合的状态相互联系，使彼此之间产生一种创新淘汰赛，在产业链上的不同部分不会因为处在链条上的组织被淘汰而影响整个服务的进程，相反由于模块化关系网络的松散耦合关系存在，会有更具创新优势的创新技术的企业接替前者进入，使整个服务创新系统更具活力与动力。

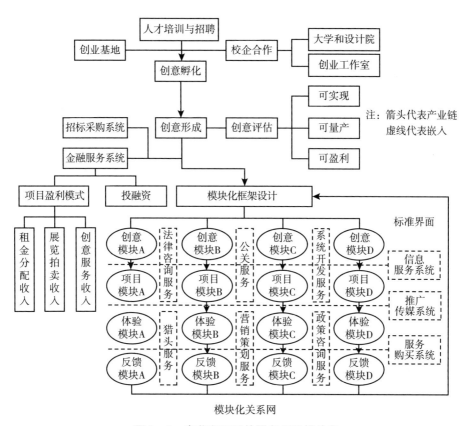

图 5 – 9　青蓝印项目的服务组织模块化

资料来源：优易数据。

2. 命题 2：内生维度能够促进价值创造

通过划分不同的功能区间对整个产业实现模块化划分，构建统一的标准界面，行业之间共享同质模块的同时又兼顾各自的核心模块的发展，带动相关中介与辅助行业协同发展，逐步形成一个统一的文化创意产业系统，系统内部分工明确、边界清晰、相对独立，借助不同的异质共享模块，产业同质模块外包，各个主模块能够高效率地实现产品创新，同时，统一的模块标准界面使得信息与知识能够以较低成本实现交换，统一的模块化管理又能够降低管理成本从而提高价值创造。

从松散耦合角度考虑，由于整个产业发展流程下的所有企业之间皆因以契约基础上的模块为导向，完成了彼此之间的高效率合作，在合理的盈利分配和利益驱使下，借助798文化创意项目和主导企业新华安集团的平台，这种合作能够产生比一般企业合作更加稳固和长久的态势。一方面由于产业链条中涉及组织类型众多，每个模块上都拥有两种及以上类型的企业参与，因此组织间的知识交流会十分频繁，无论是显化的公共知识还是隐化的技术和经验，都会在模块的反馈和修正中形成以主导成员为核心的通用化和普适化，这会给彼此之间带来大量的知识溢出效果，加速了彼此之间的知识交换。另一方面由于模块化本身的松散耦合性，模块创新变得十分容易，一是因为创新风险小，二是因为创新成本低。所有模块都会因此陷入创新淘汰赛之中，谁设计的模块方案更能提高价值创造，就会采纳谁的模块设计方案，让整个文化产业中的模块创新十分普遍。这会促使企业合作往更高一层的态势发展，从而促使企业合作创新更加稳固，提高了合作创新的价值创造。

在服务定制化方面，青蓝印项目作为一家专攻陶瓷技艺的文化创意工作室，在开发各类陶瓷产品的同时，还开展了陶瓷展览、陶艺培训、陶瓷制作体验等面向客户的服务类项目。通过模块化整合，青蓝印推出了以陶艺现场体验的练泥、拉坯、印坯、利坯、晒坯、刻花、施釉、烧窑等程序以及全程摄影拍照留念和DIY定制花色图案一条龙全程服务，客户可以通过电话或者网络预定的方式选择其中某个环节或者全程的体验和指导服务，也可以预约陶艺师进行一对一辅导，客户可以自由选择服务组合和服务项目。在此基础上青蓝印还提供企业版的陶瓷定制服务，企业可以通过青蓝印的DIY定制陶瓷模块服务系统，自主选择包括陶瓷作品类型、风格、尺寸、花色和图案等的自主选择服务，且无须通过面对面的交流与沟通，这样极大地节约了人力成本和信息交流成本，从而间接地提高了服务价值创造。

3. 总结

事实上，模块化关系网络下产业内部之间，产业与外部系统之间的技术整合会因为标准界面的协调和松散关系的影响而变得独立自主，系统设计者会将模块化成员之间的业务项目分割开来，不必知晓对方的专有知识，就能够完成合作创新，降低了彼此之间的依赖性的同时降低了专有知识侵占的风险，从而使得项目内部的成员产生了高于一般合作形态的共生模式，它们是产业价值创造的源头，这些创意最终转化为实际的客户体验，转化期间各种服务支持行业嵌入价值增值的过程中去，和文化创意产业共同构成了产业集聚背景下的模块化关系网络。这种创新是一种大范围多形式的创新，既是管理层面的组织模块创新，也是技术层面的技术和产品创新；既是波及整个产业形式下的多企业联合创新，也是单一企业在业务范围内的自我创新。通过几家企业联合的跨行业标准界面构架，形成了一连串的以陶瓷产业创新为核心驱动力的创新价值链，无论是在对区域经济发展、企业合作还是技术研发方面这种标准构架都能极大地降低非同质企业合作风险，减少跨行业合作成本，并且让所有企业能够在整个企业联合创新的整体框架内协同创新而不会与系统脱节，从而提高价值创造。

5.3.4 小结

从探索式案例的角度分别分析了三个文化创意产业中的典型案例，探索了在服务模块化的三个内生维度和三个外生维度下，服务模块化对价值创造的影响。研究发现，服务模块化分工导致服务体系中的服务功能、服务要素和服务项目等一系列服务因子被设计为模块化服务产品，单独构架并设计，每个模块产品之间的连接从紧密变成互相耦合，这种特殊的关系能够使得庞大而繁杂的系统因此简单而有序，高效而低耗，从而使得服务产品模块化能够提高价值创造。服务流程模块化实现了面向顾客需求的服务功能的集成优化，区分并最大限度地提炼了通用型模块与定制型模块，为开展通用型模块的规模生产和定制型模块的个性化提供奠定了基础，并提高了价值创造。

5.4 本章小结

第一，基于服务模块化视角，对四家不同细分行业的服务业企业进行解释性案例分析，明确阐释了服务业服务产品模块化和服务组织模块化与双元创新绩效的关系。一是产品模块化或组织模块化能够促进渐进式创新绩效的提升。二是服务企业服务模块化水平的提升，能够扩大资源使用范围，降低资源转换成本，进而助力双元创新绩效增长。三是高环境动态性对服务产品模块化和渐进性创新的表现之间的关系有积极的调节作用。

第二，基于服务模块化网络价值创造内涵及其特点，依据服务模块主体关系强度及网络融合度两个维度提出了服务模块化网络价值创造的三种模式。一是在松散型价值创造模式中，由于服务模块主体之间联系松散、信任度低，主要适用于对信任度要求较低且知识转移较简单的单向价值创造活动，如技术服务模块转让、研发服务模块外包等。二是在调和型价值创造模式中，具有直接联系的服务模块主体之间的合作较为深入，交流也比较频繁，整体信任水平比松散型价值创造模式高，较适合于浅层次的双向互动价值创造活动，如联合研发、服务联盟等。三是在融合型价值创造模式中，服务模块主体之间关系强度和网络结构融合度都较高，网络的信誉机制也较好，整体信任水平很高，适用于深层次的双向互动价值创造活动，如共建研究机构、共建经济实体、顾客创新参与等。同时，由于融合型价值创造模式的建立、维护需要较高的成本，从长远来看也不利于服务模块化网络价值创造。因此，在该类价值创造模式中，各服务模块成员应鼓励和构建比较开放的服务模块化网络文化，不断优化网络结构，注意吸收"鲜活血液"。

第六章

研究结论与展望

6.1 研 究 结 论

6.1.1 服务模块化影响开放式创新绩效

（1）服务模块化能够通过标准界面，松散耦合关系和服务定制化影响创新绩效，其中标准界面是通过业务融合，标准界面下的"潜竞争"和标准界面的通用性来提高创新绩效；松散耦合关系是通过"创新淘汰赛机制"、吸收能力和服务外包来提高创新绩效；服务定制化通过服务定制的三个层级来提高创新绩效。

（2）服务模块化能够通过产品、流程和组织三个方面影响创新绩效，其中服务产品模块化通过期权价值、降低创新风险和提高顾客满意度来提高创新绩效，服务流程模块化能够通过降低创新成本和风险提高创新绩效，但是服务流程模块化下的服务外包不一定能够提升创新绩效。服务组织模块化能够通过服务产品和服务流程模块化侧面提高创新绩效也能够通过组织学习和优化两个方向的创新活动来提高创新活力。

（3）通过服务模块化的内生变量建立模型对服务模块化进行了测量，并在前人的基础上构建了新的创新绩效测量体系，运用博弈交叉DEA的方法测量了创新绩效。研究发现，服务模块化能够正面促进创新绩效，但是当服务模块化超过一定限度后，会反过来降低创新绩效。

6.1.2 服务业服务模块化水平影响开放式创新绩效

（1）服务业服务模块化对开放式创新绩效的影响包括渐进式创新绩效和突破式创新绩效两个维度。服务业服务模块化对双元创新绩效产生正向影响，并且不同维度服务模块化对双元创新绩效的影响程度不同。服务产品模块化更易促进渐进式创新绩效，服务组织模块化更易促进突破式创新绩效。以往研究肯定了服务模块化与创新绩效之间的关系，但尚未探讨服务模块化的不同维度对渐进式创新绩效、突破式创新绩效的影响及其差异性。本书认为企业服务产品模块之间的互动关系是通过标准协议确定的，并且共享一些通用模块，在此基础上进行产品性能的改进或服务的延伸很容易获得一定的收入增长，这种局部的调整对渐进式创新绩效的影响显然更加明显。相比之下，服务组织模块化按照其在功能上的差异，把产品或服务分成了许多的子部门，这些子部门在各自的工作中都有明确的权责，在工艺和流程上存在着较大的差异，这为发生根本性的变化提供了可能，于突破式创新更有优势。

（2）服务业服务模块化对资源整合能力产生正向影响，并且不同维度服务模块化对资源整合能力的影响程度不同。服务组织模块化对资源整合能力的正向影响程度大于服务产品模块化对资源整合能力的正向影响程度，因为组织模块的划分更有利于资源流动，资源将更高效地在不同组织模块间传递，进而在不同业务领域中使用。

（3）资源整合能力在服务业服务模块化与双元创新绩效之间存在中介作用。一方面，服务模块化的程度越高，子模块的种类也越多，相应的资源的载体数量也越多；另一方面，多样化的资源对技能提升是有益的，不同的资源链接往往能够提高创新的可能性，进而实现绩效的提高。

（4）环境动态性正向调节服务业服务产品模块化与渐进式创新绩效之间的关系。高环境动态性意味着企业为了适应环境的变化，需要进行局部的调整变革，对渐进式创新来看大有裨益；但考虑到外部环境的不断变化会造成资源的价值流失，增加企业与外部沟通的成本，还会造成现有产品业务的贬值，因此长期来看对突破式创新并不有利。

6.2 理论贡献

（1）服务模块化水平行业应用范围的拓展化。

模块化理论最先是在制造业领域中大量运用，形成了完整的制造业模块化理论体系。在信息技术的影响下，制造业逐渐将核心竞争力向服务属性转移，学界普遍将比较成熟的制造业模块化理论引入服务型制造行业中。近年来，服务业在国民经济中的地位处于增长态势，服务业开始探索和应用服务模块化，进入了服务业服务模块化的应用时代。本书立足服务业界定的服务模块化水平概念、维度及测量量表，是对现有制造业与服务型制造领域服务模块化水平理论的拓展，从而使服务模块化水平理论延伸到服务业之中。

（2）将服务模块化水平测量理论向前推进了一步。

一方面，模块化理论及开放式创新理论目前主要运用于制造产业。服务业服务模块化水平测量，以及服务业的开放式创新绩效测量理论目前缺乏统一理论作为指导；现有的开放式创新绩效评价指标体系也偏重技术密集型制造行业。另一方面，现有研究主要是对服务模块化的维度进行划分，主要分为内生维度、外生维度、内聚度、耦合度、相似性等，界面标准化、松散和耦合的联系、服务定制化三个方面构成了内生维度，产品模块化、流程模块化和组织模块化三个方面构成了外生维度。本书立足于服务业来开发、验证服务模块化水平测量量表。研究发现，服务业服务模块化内生维度和外生维度存在交叉，例如，服务定制化既包括产品的定制化也包括流程的定制化，对服务模块化水平的维度划分存在不系统和缺乏层次性的问题。本书通过重新审视和认识服务模块化水平维度，得出了 4 个更具有层次感、立体感和丰富性的维度即标准化水平、独立性水平、定制化水平、组合性水平，使得服务业服务模块化水平结构维度划分更加系统化。

服务模块化水平是指服务业能够根据标准的界面规则将各个独立的子模块进行分解和组合以提供定制化服务，进而提升企业竞争力的水平。服务模块化水平由 4 个维度构成，包括：标准化水平、独立性水平、定制化水平和组合性水平。现有研究主要是对模块化的测量，例如，大多数研究从产品设计、生产系统和组织设计三个方面的模块化视角进行衡量，并且采用的测量量表皆是单维度的。本书开发出服务模块化水平的初始测量量表由多维度概念组成，包括标准化水平、独立性水平等 4 个维度以及 24 个测量题项，既可运用在有关服务业服务模块化水平主题的定量研究中，又对其他行业测量服务模块化水平具有借鉴意义。

（3）把开放式创新绩效理论向前推进了一步。

现有从单一视角对服务创新进行的研究，容易得出不够严谨全面的结论。本书通过引入二元性理论，对服务创新进行了细分，从渐进式服务创新与突破式服务创新两个维度进行区分，并探讨渐进式服务创新与突破式服务创新的差异性，弥补了以往服务创新研究中大多关注前因变量的异质性，而忽视结果变量的理论缺口。此外，以往服务创新研究大多立足于国外情境，本书探究了中国情境下服务创新的实践特征，深入分析服务业服务模块化对突破式创新绩效和渐进式创新绩效的影响机制，丰富了服务创新理论。另外，本书回应了 Pekkarinen 等对于创新管理领域的服务模块化相关研究，但在这一研究空间中，多数研究还停留在理论演绎或案例研究层面，尚缺乏实证研究。本书先在归纳分析的基础上构建出理论模型，而后使用结构方程模型进行了实证检验，详细分析服务模块化与双元创新绩效各要素之间的作用路径，清晰勾勒出服务业服务模块化对双元创新绩效影响机制的脉络。

（4）服务模块化创新理论向前推进了一步。

现有关于服务模块化水平作用于创新绩效的效应及机理的研究，还难以解释服务模块化对创新绩效的影响机理和作用机制，未能形成服务模块化水平影响创新绩效语境下的研究范式。本书嵌入了资源整合能力视角与环境动态性视角，提出服务模块化通过资源整合能力的提升进而促进服务创新绩效的路径机制，开辟了研究新思路。以往文献认为，模块化主要通过组织学习、战略柔性带来服务创新；但是企业进行服务创新的路径并不是非此即彼的。本书发现，资源整合能力对服务模块化与渐进式服务创新和突破式服务创新的关系都发挥了中介作用，在丰富资源整合视角下模块化理论的同时，还在渐进式和突破式创新层面打开环境动态性调节效应的黑箱，为跨界研究双元服务创新提供了机会。

6.3 管理启示

6.3.1 服务企业要科学运用不同维度的服务模块化水平

虽然服务模块化水平越高，企业的竞争力越强。但是，也要注意到，服务模块化水平是把"双刃剑"，在特定的情况下，服务模块化水平的过度运用，将会导致企业低效率运行，甚至产生其他负面影响。因此，在实际运用中应保持恰适性，采取多种维度共用的方法以提高服务模块化水平。

第一，在激烈的市场竞争中，服务类企业不能满足于产品和技术的优势，提供专业化和标准化的服务是企业吸引客户的不二法门。近年来，服务业的发展体现着如下趋势：一方面，许多服务企业，例如通信、零售等其他服务行业逐渐开始创建自己的服务品牌；另一方面，许多制造企业，比如家用电器、电子产品、烟草等制造企业同样也在积极创建自己的服务品牌。因此，针对以上趋势，服务企业必须要积极改进服务，建立标准化的企业体系，包括核心运营、业务管理、产品服务和信息技术，以适应产品、业务运营等多个方面，积极迎合企业内部业务变动和行业特点的需求，通过提高标准化水平在顾客心目中形成品牌，进而提升企业的竞争力。

第二，服务业涉及的范围越来越广，产品和服务的创新需要越来越多的资源投入和市场敏捷性，只有这样，我们才能更高效、更准确地把握市场需求，开发更有利于业务发展的产品和服务。迫使企业从专业化的角度将不同的资源分为松散耦合的独立模块，使得单个变动的模块不会影响其他模块。服务企业可以对每个模块设置独立的标准、职责以及质量目标要求，发挥每个独立模块的柔性化功能，从而在企业和顾客之间找到平衡，提升服务专业化。

第三，定制化赋予了产品的独特个性，帮助企业准确定位消费者需求，开拓细分市场，进而提高产品或企业的竞争力。面对激烈的竞争，每个服务企业都必须有清晰的定位，定义明确的经营理念，并实施差异化战略。特别注意客户导向，设置需求反馈模块，第一时间将顾客的需求信息反馈到相关部门，进行全流程服务管控，分析客户行为和需求，以满足忠诚客户的需求；企业应努力将自己与其他企业区分开来，并创造自己的产品和服务特征；通过了解客户需求，以有针对性的方式设计适销产品和服务。

第四，组合性赋予了各个模块的价值。在服务业中，具有特定功能和标准接口的无形单元从服务产品中分解出来。不同类型的服务企业根据其自身服务和产品的功能特征将服务划分为不同的子单元。每个单元执行服务的单个功能，并通过特定结构将这些子模块进行分组。只有组合起来才能发挥各个模块在服务过程中的价值，进而帮助企业进行创新活动，提升企业竞争力。因此，服务企业需要根据自身和客户的需求，在相似模块的基础上，自由选择和匹配服务模块，从服务产品种类到服务范围等多方面为客户提供丰富选择。

6.3.2　服务企业应从双元创新角度来提升开放式创新绩效

应充分掌握服务产品模块化、服务组织模块化、资源整合能力、环境动态性与双元创新绩效的作用机制，发挥好不同关键要素的协同作用，为双元服务创新跃迁发挥出最大"合力"。

第一，前瞻研判环境动态性，增强双元服务创新效应。环境动态性往往是不可控的，这种不确定性来自市场环境动态、交付环境动态、政策环境动态以及技术环境动态等多个方面，服务企业需要保持敏锐的嗅觉和高度的执行力，才能做到有的放矢，当新的浪潮席卷而来，才能抓住风口和机遇。例如信息化浪潮来袭，中信证券成立了专门的信息技术中心，为企业可持续服务创新提供保障。

第二，巧妙运用服务模块化组合维度，拓宽双元服务创新来源。服务模块化是双元服务创新的内驱力，主要从产品、组织两个维度来实现，企业应从多维度入手来提高服务模块化水平，进而提升企业的自主创新能力，最大限度实现顾客差异化定制，提升服务质量。5G时代下移动通信企业更加注重运用模块方法来不断实现服务创新升级，例如中国移动手机营业厅，联结了"基础网络运营商—应用开发商—终端制造商—用户"四大组织模块，并为用户提供充值缴费、在线商城、电力交通等服务模块。

第三，加强资源整合能力，挖掘双元服务创新潜力。资源整合能力是连接服务模块化与双元服务创新绩效的桥梁，发挥着重要的中介作用，因此企业在关注服务模块化和双元创新绩效的同时，也要注重企业内部的资源整合，并广泛搭建平台为资源获取、利用和配置提供机会，建立"传帮带"的组织氛围。国内电子商务企业不在少数，但针对服务业且成为头部的只此美团一家，其开放平台就是资源整合的最佳实践，将沉淀的业务资源开放给企业资源计划（ERP）服务商，面向合作伙伴提供知识图谱，形成良性资源共享生态。

6.4 研究局限与展望

（1）在服务模块化水平的量表开发中问卷收集的有效样本来源有限。

本书聚焦于服务业进行分析，但本书所覆盖的样本企业有限，相较于大量的服务业企业，研究规模仍有进步空间，未来若可以调查更多企业，结论的普适性和可靠性会进一步提高。本书在对服务模块化水平的量表开发过程中，用于项目分析和因子提取的数据为 152 份，检测量表效度的数据是 317 份。虽然本书根据已有研究严格遵守量表开发中数据的收集标准，但是由于我国服务业种类繁多，服务业的地域发展存在差距。为了保证量表的准确性和有效性，之后的研究可以在更多的区域进行足够多的收集样本数据，研究不同层级地区间的服务模块化水平的差异，不同种类服务业间的差距，进一步验证量表的推广性。

（2）关于服务模块化水平量表的维度划分尚无唯一性标准。

本书得出了服务业服务模块化水平由四大层面构成：标准化水平、独立性水平、定制化水平和组合性水平。但随着服务模块化模式在服务业领域运用得日益成熟，企业的内部因素也会呈现多元化的趋势，这也需要与时俱进长期更新服务模块化水平的结构维度和表现方式，重视具体情境下的量表开发，不断提高量表的信度和效度。

（3）中介变量的有待进一步拓展研究。

本书讨论了资源整合能力的中介作用和环境动态性的调节作用，现实中仍有许多值得探讨的情景变量，比如引入知识共享、吸收能力等中介变量，引入战略导向、企业文化等调节变量，进一步拓展研究广度。

（4）对动态变化的研究不足。

本书使用的是截面数据，不能体现出时间序列，被调查者是在某一时间点对过去一段时间的状况进行填答，虽然本书在问卷调查中投入了大量时间精力，但服务创新本身就是存在动态变化的，因此后续研究可以考虑长时间深入企业，开展动态演化分析。

参 考 文 献

［1］蔡宁，闫春. 开放式创新绩效的测度：理论模型与实证检验 ［J］. 科学学研究，2013，31（3）：469-480.

［2］曹虹剑，张慧，刘茂松. 产权治理新范式：模块化网络组织产权治理 ［J］. 中国工业经济，2010（7）：84-93.

［3］陈劲，刘振. 开放式创新模式下技术超学习对创新绩效的影响 ［J］. 管理工程学报，2011，25（4）：1-7.

［4］陈枉芬，陈劲. 开放式创新促进创新绩效的机理研究 ［J］. 科研管理，2009，30（4）：1-9.

［5］陈向明. 质的研究方法与社会科学研究 ［M］. 北京：教育科学出版社，2000.

［6］董小英，蒋贵凰，刘倩倩. 知识管理提升企业创新能力的实证研究 ［J］. 清华大学学报（自然科学版），2006（S1）：956-963.

［7］范志刚，刘洋，赵江琦. 知识密集型服务业服务模块化界定与测度 ［J］. 科学学与科学技术管理，2014，35（1）：85-92.

［8］葛秋萍，辜胜祖. 开放式创新的国内外研究现状及展望 ［J］. 科研管理，2011，32（5）：43-48.

［9］关增产. 面向大规模定制的服务模块化研究 ［J］. 价值工程，2009（11）：53-55.

［10］郝斌，Anne – Marie Guerin．组织模块化对组织价值创新的影响：基于产品特性调节效应的实证研究［J］．南开管理评论，2011，14（2）：126 – 131．

［11］胡晓鹏．模块化整合标准化产业模块化研究［J］．中国工业经济，2005（9）：67 – 74．

［12］江积海，李军．联盟组合中开放式创新绩效"悖论"关系研究［J］．科技进步与对策，2014，31（18）：17 – 21．

［13］金姝彤，王海军，陈劲，等．模块化数字平台对企业颠覆性创新的作用机制研究——以海尔 COSMOPlat 为例［J］．研究与发展管理，2021，33（6）：18 – 30．

［14］李柏洲，徐广玉．知识粘性、服务模块化和知识转移绩效关系的研究［J］．科学学研究，2013，31（11）：1671 – 1679．

［15］李秉翰．服务模块化的构建与应用［D］．上海：复旦大学管理学院，2010（5）：98 – 119．

［16］李东红，乌日汗，陈东．"竞合"如何影响创新绩效：中国制造业企业选择本土竞合与境外竞合的追踪研究［J］．管理世界，2020，36（2）：161 – 181，225．

［17］李会军，席酉民，葛京．松散耦合研究对协同创新的启示［J］．科学学与科学技术管理，2015（12）：109 – 118．

［18］李靖华．服务大规模定制实现机理分析：制造业与服务业融合视角［J］．科技管理研究，2008（2）：143 – 145．

［19］李晓云，沈先辉，余长春，等．服务模块化网络组织管理路径：风险悖论的视角［J］．科技管理研究，2019．

［20］梁海山，魏江，万新明．企业技术创新能力体系变迁及其绩效影响机制——海尔开放式创新新范式［J］．管理评论，2018，30

（7）：281 - 291.

[21] 刘方龙, 吴能全. 探索京瓷"阿米巴"经营之谜——基于内部虚拟产权的案例研究 [J]. 中国工业经济, 2014 (2)：135 - 147.

[22] 刘夫云, 祁国宁. 产品模块化程度评价方法研究 [J]. 中国机械工程, 2008, 19 (8)：919 - 923.

[23] 刘夫云, 祁国宁, 杨青海. 基于复杂网络的产品模块化程度比较方法 [J]. 浙江大学学报（工学版）, 2015 (11)：1881 - 1885.

[24] 刘建兵, 柳卸林. 服务业创新轨道的形成机制及对追赶的战略意义 [J]. 科学学与科学技术管理, 2008 (9)：81 - 86.

[25] 罗珉. 大型企业的模块化：内容、意义与方法 [J]. 中国工业经济, 2005 (3)：68 - 75

[26] 彭本红, 武柏宇. 制造业企业开放式服务创新生成机理研究——基于探索性案例分析 [J]. 研究与发展管理, 2016, 28 (6)：114 - 125.

[27] 唐雪莲, 罗茜. 中小微企业服务创新影响因素与发展路径 [J]. 统计与决策, 2020, 36 (11)：166 - 169.

[28] 陶颜. 服务模块化对金融企业创新绩效的影响：组织模块化的调节作用 [J]. 财经论丛, 2016 (5)：71 - 78.

[29] 陶颜, 李佳馨. 服务模块化视角下金融企业新服务开发过程模型——多案例研究 [J]. 技术经济, 2018, 37 (2)：47 - 54.

[30] 陶颜, 魏江. 服务模块化研究脉络、基准与展望——基于国外文献的分析 [J]. 外国经济与管理, 2015, 37 (1)：43 - 51.

[31] 陶颜, 周丹, 魏江. 服务模块化、战略柔性与创新绩效——基于金融企业的实证研究 [J]. 科学学研究, 2016, 34 (4)：601 - 609.

[32] 王海军, 郑帅, 陈劲. 管理领域的模块化理论演进与实证研究综述 [J]. 科学学与科学技术管理, 2020, 41 (6): 16 – 35.

[33] 王海军, 邹日崧, 温兴琦. 组织学习与模块化嵌入的产学研合作联盟研究——来自家电产业的多案例实证 [J]. 科技进步与对策, 2017, 34 (24): 55 – 63.

[34] 王建安, 张刚. 组织模块化及其测量: 一个基于松散耦合系统的分析框架 [J]. 西安电子科技大学学报 (社会科学版), 2008, 18 (6): 1 – 10.

[35] 魏江, 黄学, 刘洋. 基于组织模块化与技术模块化 "同构/异构" 协同的跨边界研发网络架构 [J]. 中国工业经济, 2014 (4): 148 – 160.

[36] 魏江, 刘洋, 赵江琦. 基于知识编码化的专业服务业服务模块化对创新绩效的作用机理研究 [J]. 科研管理, 2013, 34 (9): 1 – 10.

[37] 魏江, 刘洋, 赵江琦. 专业服务业中的知识管理研究 [J]. 浙江大学学报 (人文社科版), 2011, 41 (4): 110 – 118.

[38] 乌日汗, 陈东, 李东红. 竞合伙伴的知识多样性如何影响创新绩效——知识管理的调节作用 [J]. 技术经济, 2021, 40 (10): 45 – 63.

[39] 吴照云, 余长春, 尹懿. 服务模块化理论研究述评 [J]. 当代财经, 2012 (2): 80 – 87.

[40] 吴照云, 余长春. 用服务科学解析价值链 [J]. 中国工业经济, 2011 (4): 84 – 94.

[41] 习玉柱. 组织模块化创新的动因分析 [J]. 华东经济管理, 2011, 25 (4): 89 – 92.

[42] 夏辉, 薛求知. 服务型跨国公司模块化的演进及创新机理

[J]. 当代财经, 2010 (12): 63 - 70.

[43] 夏辉, 薛求知. 论服务型跨国公司全球价值网络模块化——以跨国银行为例的实证检验 [J]. 复旦学报 (社会科学版), 2012 (6): 105 - 114.

[44] 辛本禄, 代佳琳. 员工跨界行为、知识共享与制造企业服务创新——基于知识基的调节作用 [J]. 经济与管理评论, 2021, 37 (4): 85 - 96.

[45] 徐宏玲. 模块化组织研究 [M]. 成都: 西南财经大学出版社, 2006.

[46] 闫春, 蔡宁. 创新开放度对开放式创新绩效的作用机理 [J]. 科研管理, 2014, 35 (3): 18 - 24.

[47] 杨晨, 蔡芸. 基于探索性案例分析的专利创业服务模块化运行研究 [J]. 科技进步与对策, 2013, 30 (24): 134 - 138.

[48] 杨丰强, 芮明杰. 知识创新服务的模块化分工研究 [J]. 科技进步与对策, 2014 (10): 137 - 141.

[49] 杨瑾, 王雪娇. 模块化、知识流动与装备制造业集群企业创新绩效 [J]. 软科学, 2019, 33 (12): 47 - 52.

[50] 余长春. 服务模块化价值网治理机制对价值创造的影响机理 [M]. 经济管理出版社, 2017.

[51] 余长春, 罗斌. 服务模块化价值网络治理机制对价值创造的影响机制——基于江西农产品加工业的实证研究 [J]. 江西社会科学, 2014, 34 (7): 225 - 228.

[52] 余长春, 沈先辉. 产业服务模块化价值网解析 [J]. 北京航空航天大学学报 (社会科学版), 2018, 31 (5): 44 - 52.

[53] 余长春, 沈先辉. 产业服务模块化解析——基于卷烟产业和

食品制造业的案例比较 [J]. 郑州航空工业管理学报, 2016, 34 (4): 19 – 24.

[54] 余长春, 沈先辉. 服务模块化价值网络治理机制研究 [J]. 中国科技论坛, 2017 (11): 138 – 148.

[55] 余长春, 吴照云, 程月明. 汽车金融服务业服务模块化运行的价值创造路径——基于案例研究的视角 [J]. 华东经济管理, 2013 (8): 159 – 164.

[56] 余长春, 吴照云. 价值创造视域下民航业服务模块化运行: 基于探索性案例分析的视角 [J]. 中国工业经济, 2012 (12): 141 – 153.

[57] 余长春, 谢奉军. 服务经济视角下区域竞争研究 [J]. 南昌航空大学学报 (社会科学版), 2011, 13 (4): 29 – 34.

[58] 余长春, 邢小明. 基于价值链的服务模块化价值创造机理研究 [M]. 经济科学出版社, 2019.

[59] 余长春, 闫明. 服务模块化价值网络创新: 元素、关系及结构 [J]. 长春理工大学学报 (社会科学版), 2016, 29 (3): 109 – 112.

[60] 余长春, 闫明. 基于组织模块化的双元式组织创新研究 [J]. 吉林工商学院学报, 2015, 31 (3): 38 – 42.

[61] 余长春, 闫明, 赵晓宁. 服务模块化创新价值的实证分析 [J]. 统计与决策, 2016 (22): 60 – 62.

[62] 余长春, 赵晓宁. 江西文化产业服务模块化价值网: 要素及结构 [J]. 井冈山大学学报 (社会科学版), 2016, 37 (2): 57 – 61, 112.

[63] 余长春, 赵晓宁, 刑小明. 服务模块化与制造模块化的差异化解析 [J]. 江西财经大学学报, 2016 (6): 48 – 55.

［64］余长春，赵晓宁，曾伟平.服务模块化网络协同创新模式评价研究——以江西省文化创意产业为实证［J］.成都大学学报（社会科学版），2016（6）：25－31.

［65］岳鹄，等.创新主体差异性、双元组织学习与开放式创新绩效［J］.管理学报，2018，15（1）：48－56.

［66］张会新，白嘉.模块化视角下战略性新兴产业突破式创新路径选择［J］.科技进步与对策，2018，35（5）：60－67.

［67］张振刚，陈志明，李云健.开放式创新、吸收能力与创新绩效关系研究［J］.科研管理，2015，36（3）：49－56.

［68］赵立雨.开放式创新对企业创新绩效影响研究——内部 R&D 与环境波动的调节作用［J］.科学学与科学技术管理，2014，36（6）：119－127.

［69］赵益维，罗建强，冯庆华.制造企业服务创新动力的实证研究［J］.科研管理，2020，41（10）：164－173.

［70］周翔，吴能全，苏郁锋.基于模块化演进的产权理论［J］.中国工业经济，2014（10）：110－121.

［71］ALEXY O，GEORGE G，SALTER A Cui bono？. The Selective Revealing of Knowledge and Its Implications for Innovative Activity［J］. Academy of Management Review，2013，38（2）：270－291.

［72］BALDWIN C Y，CLARK K B. Managing in An Age of Modularity［J］. Harvard Business Review，2012（5）：101－106.

［73］BARBOSA L M，LACERDA D P，PIRAN F A S，et al. Exploratory Analysis of the Variables Prevailing on the Effects of Product Modularization on Production Volume and Efficiency［J］. International Journal of Production Economics，2017（6）：56－61.

［74］ BENASSIM M. Investigating Modular Organizations ［J］. Journal of Management Governance, 2014, 13 (3): 166 – 182.

［75］ BERCHICCI L. Towards an Open R&D System: Internal R&D Investment, External Knowledge Acquisition and Innovative Performance ［J］. General Information, 2015 (1): 117 – 127.

［76］ BIANCHI M, CAVALIERE A, CHIARONI D, et al. Organisational Modes for Open Innovation in the Bio-pharmaceutical Industry: An Exploratory Analysis ［J］. Technovation, 2015, 31 (1): 22 – 33.

［77］ BLOK C D, LUIJKX K, SCHOLS J, et al. Interfaces in Service Modularity: A Typology Developed in Modular Health Care Provision ［J］. Journal of Operations Management, 2014, 2 (4): 175 – 189.

［78］ BLOK C D, MEIJBOOM B, LUIJKX K, et al. Interfaces in Service Modularity: A Typology Developed in Modular Health Care Provision ［J］. Journal of Operations Management, 2014, 32 (4): 175 – 189.

［79］ BRAX S A. The Process Based Nature of Services – Studies in Management of Industrial and Business-to – Business Services ［J］. Aalto University Publication, 2013: 251 – 261.

［80］ BROEKHUIS M, OFFENBEEK M V, LAAN M V D. What Professionals Consider When Designing a Modular Service Architecture ［J］. International Journal of Operations & Production Management, 2017, 37 (6): 63 – 68.

［81］ CABIGIOSU A, CAMUFFO A. Beyond the "Mirroring" Hypothesis: Product Modularity and Interorganizational Relations in the Air Conditioning Industry ［J］. Organization Science, 2012, 23 (3): 686 – 703.

［82］ CAI H, CHUNG J Y, SU H. Relooking at Services Science and

Services Innovation [J]. SOCA, 2014 (2): 20 – 24.

[83] CALBORG P, KINDSTRÄM D. Service Process Modularization and Modular Strategies [J]. Journal of Business & Industrial Marketing, 2014, 29 (4): 313 – 323.

[84] CAMPAGNOLO D, CAMUFFO A. The Concept of Modularity in Management Studies: A Literature Review [J]. International Journal of Management Reviews, 2014, 13 (9): 143 – 156.

[85] CARLBORG P, KINDSTRÖM D. Service Process Modularization and Modular Strategies [J]. Journal of Business & Industrial Marketing, 2014, 29 (4): 313 – 323.

[86] CARLBORG P, KINDSTRÖM, D. Service Process Modularization and Modular Strategies [J]. Journal of Business & Industrial Marketing, 2014, 29 (5): 305 – 312.

[87] CARLO J L, LYYTINEN K, ROSE G M. A Knowledge – Based Model of Radical Innovation in Small Software Firms [J]. MIS Quarterly, 2012, 36 (3): 865 – 895.

[88] CHENG C C J, CHEN J. Breakthrough Innovation: The Roles of Dynamic Innovation Capabilities and Open Innovation Activities [J]. Journal of Business & Industrial Marketing, 2016, 28 (5): 444 – 454.

[89] CHEN J, CHEN Y, VANHAVERBEKE W. The Influence of Scope, Depth, and Orientation of External Technology Sources on the Innovative Performance of Chinese Firms [J]. Technovation, 2011, 31 (8): 362 – 373.

[90] CHEN Y Y, et al. Group Protection and LAN Service Scheme Utilizing Flexible Modularization and High Efficiency for Metro-access Network

［J］. International Journal of Communication Systems, 2018, 31 (10): 66 – 72.

［91］CHESBROUGH H, BRUNSWICKER S. A Fad or a Phenomenon? The Adoption of Open Innovation Practices in Large Firms ［J］. Research – Technology Management, 2014, 57 (2): 16 – 25.

［92］CHESBROUGH H P. Innovation: Where We've Been and Where We're Going ［J］. Research – Technology Management, 2015, 55 (4): 20 – 27.

［93］DUYSTERS G, LOKSHIN B. Determinants of Alliance Portfolio Complexity and Its Effect on Innovative Performance of Companies ［J］. General Information, 2015, 28 (4): 570 – 585.

［94］EBERSBERGER B, BLOCH C, HERSTAD S J, et al. Open Innovation Practices and Their Effect on Innovation Performance ［J］. International Journal of Innovation and Technology Management, 2013, 9 (6): 1 – 22.

［95］ETHIRAJ S K, LEVINTHAL, D. Modularity and Innovation in Complex Systems ［J］. Management Science, 2014, 50 (2): 160 – 171.

［96］FADEYI J A, MONPLAISIR L, AGUWA C. The Integration of Core Cleaning and Product Serviceability into Product Modularization for the Creation of an Improved Remanufacturing-product Service System ［J］. Journal of Cleaner Production, 2017, 159 (8): 446 – 455.

［97］FAEMS D, JANSSENS M, NEYENS I. Alliance Portfolios and Innovation Performance: Connecting Structural and Managerial Perspectives ［J］. Group & Organization Management, 2015, 37 (2): 241 – 246.

［98］GASSMANN O, ENKEL E, CHESBROUGH H. The Future of

Open Innovation [J]. R&D Management, 2014, 40 (3): 213 – 221.

[99] HAN K, OH W, IM K S, et al. Value Cocreation and Wealth Spillover in Open Innovation Alliances [J]. MIS Quarterly, 2015, 36 (1): 291 – 325.

[100] HELFAT C E, EISENHARDT K M. Inter-temporal Economies of Scope, Organizational Modularity, and the Dynamics of Diversification [J]. Strategic Management Journal, 2014, 25 (13): 1217 – 1232.

[101] HERSTAD S J, ASLESEN H W, EBERSBERGER B. On Industrial Knowledge Bases, Commercial Opportunities and Global Innovation Network Linkages [J]. Research Policy, 2014, 43 (3): 495 – 504.

[102] HOETKER G. Do Modular Products Lead to Modular Organizations? [J]. Strategic Management Journal, 2012, 27 (6): 499 – 509.

[103] HUNG K P, CHOU C. The Impact of Open Innovation on Firm Performance: The Moderating Effects of Internal R&D and Environmental Turbulence [J]. Technovation, 2013, 33 (10): 368 – 380.

[104] JACOBS M, VICKERY S K, DROGE C. The Effects of Product Modularity on Competitive Performance: Do Integration Strategies Mediate the Relationship? [J]. International Journal of Operations & Production Management, 2007, 27 (10): 1046 – 1068.

[105] JAMES S D, LEIBLEIN M J, LU S. How Firms Capture Value from Their Innovations [J]. Journal of Management, 2013, 39 (5): 1123 – 1155.

[106] KASHKOUSH M, ELMARAGHY H. Optimum Overall Product Modularity [J]. Cirp Conference on Assembly Technologies & Systems, 2016 (44): 55 – 60.

［107］KIBRIA M G, ALI S, JARWAR M A, et al. Logistic Model to Support Service Modularity for the Promotion of Reusability in a Web Objects-Enabled IoT Environment ［J］. Sensors, 2017, 17 (10): 2180 – 2189.

［108］LANGLOIS R N, ROBERTSON P. Newtorks and Innovaton in a Modular System: From the Microcomputer and Stereoe Component Industries ［J］. Reesacrh Policy, 1992 (15): 11 – 23.

［109］LAU A K W, YAM R C M, et al. The Impacts of Product Modularity on Competitive Capabilities and Performance: An Empirical Study ［J］. International Journal of Production Economics, 2011, 105 (1): 1036 – 1065.

［110］LAU A K W, YAM R C M, TANG E P Y. Supply Chain Product Co-development, Product Modularity and Product Performance: Empirical Evidence from Hong Kong Manufacturers ［J］. Industrial Management and Data System, 2016, 107 (7): 1036 – 1065.

［111］LAU A K W, YAM R C M, TANG E P Y. The Impacts of Product Modularity on Competitive Capabilities and Performance: An Empirical Study ［J］. International Journal of Production Economics, 2016, 105 (1): 1 – 20.

［112］LAU A K W, YAM R, TANG E. The Impact of Product Modularity on New Product Performance: Mediation by Product Innovativeness ［J］. Journal of Product Innovation Management, 2011, 28 (2): 270 – 284.

［113］LICHTENTHALER U. Open Innovation: Past research, Current Debates, and Future Directions ［J］. The Academy of Management Perspectives, 2011, 25 (1): 75 – 93.

［114］LINTON J D. What's Hot and What's Not: A Summary of Topics and Papers in Technology Innovation Management That Are Getting Attention [J]. Technovation, 2012, 32 (12): 653 – 675.

[115] MAGLIO P, SRINIVASAN S, KREULEN J T, et al. Service Systems, Service Scientists, SSME, and Innovation [J]. Communication of the ACM, 2006, 49 (7): 40 – 45.

[116] MELISA A. Schilling: Toward a Generalmodular Systems Theory and Its Implication to Interfirm Product Modularity [J]. Academy of Management Review, 2016, 2 (24): 202 – 211.

[117] MENGUC B, AUH S, YANNOPOULOS P. Customer and Supplier Involvement in Design: The Moderating Role of Incremental and Radical Innovation Capability [J]. Journal of Product Innovation Management, 2014, 31 (2): 313 – 328.

[118] MIKKOLA J H, GASSMANN O. Managing Modularity of Product Architectures: Toward an Integrated Theory [J]. Engineering Management, IEEE Transactions, 2016, 51 (2), 214 – 219.

[119] NÄTTI S, ULKUNIEMI P, PEKKARINEN S. Implementing Modularization in Professional Services—The Influence of Varied Knowledge Environments [J]. Knowledge and Process Management, 2017, 24 (2): 125 – 138.

[120] PARIDA V, WESTERBERG M, FRISHAMMAR J. Inbound Open Innovation Activities in High-tech SMEs: The Impact on Innovation Performance [J]. Journal of Small Business Management, 2012, 50 (2): 283 – 309.

[121] PEKKARINEN S, ULKUNIEMI P. Modularityity in Developing Business Services by Platform Approach. The International Journal of Logistics

Management, 2008, 19 (1): 84 – 103.

[122] PERO M, STÖBLEIN M, Cigolini R. Linking Product Modularity to Supply Chain Integration in the Construction and Shipbuilding Industries [J]. International Journal of Production Economics, 2015 (1): 602 – 615.

[123] PETERS C. Together They Are Strong: The Quest for Service Modularization Parameters [J]. Ssrn Electronic Journal, 2014 (5): 61 – 68.

[124] SANCHEZ R, Mahoney T. Modulaerity, Flexibility and Knowledge Management in Product and Organization Design [J]. Strategic Management Journal, 2006, 1 (17): 63 – 76.

[125] SCHILLING M A, STEENSMA H K. The Use of Modular Organizational Forms: An Industry Level Analysis [J]. Academy of Management Journal, 2012, 44 (6): 1149 – 1168.

[126] SCHÖN O. Business Model Modularity—A Way to Gain Strategic Flexibility? [J]. Controlling & Management, 2012, 56 (2): 73 – 78.

[127] SISODIYA S R, JOHNSON J L, GREGOIRE Y. Inbound Open Innovation for Enhanced Performance: Enablers and Opportunities [J]. Industrial Marketing Management, 2013, 42 (5): 836 – 849.

[128] SONG W, WU Z, LI X, et al. Modularizing Product Extension Services: An Approach Based on Modified Service Blueprint and Fuzzy Graph [J]. Computers & Industrial Engineering, 2015 (5): 186 – 195.

[129] STURGEON T. Modularity Production Networks: A New Model of Industrial Organization [J]. Industrial and Corporate Change, 2014, 11 (3): 53 – 92.

[130] SUNDBO J. Modulization of Service Production and a Thesis of

Convergence Between Service and Manufacturing Organizations [J]. Scandinavian Journal of Management, 2004, 4 (5): 75 – 89.

[131] SUN J, CHAI N, PI G, et al. Modularization of Product Service System Based on Functional Requirement [J]. International Journal of Service Science Management Engineering & Technology, 2017, 64: 301 – 305.

[132] SUN J, et al. Modularization of Product Service System Based on Functional Requirement [J]. Procedia CIRP, 2017, 64 (3): 301 – 305.

[133] SU Z, AHLSTROM D, LI J, et al. Knowledge Creation Capability, Absorptive Capacity, and Product Innovativeness [J]. R&D Management, 2013, 43 (5): 473 – 485.

[134] TREMERSCH S, WEISS A M, Dellaert B G C, et al. Buying Modularity Systems in Technology Markets [J]. Journal of Marketing Research, 2014, 40 (3): 337 – 348.

[135] Vande Vrande V, De Man Ard – Pieter. A Response to "Is Open Innovation a Field of Study or a Communication Barrier to Theory Development?" [J]. Technovation, 2015, 34 (4): 85 – 186.

[136] VOSS C A, Hsuan J. Service Architecture and Modularity [J]. Decision Sciences, 2014, 40 (3): 541 – 569.

[137] VOSS C A, HSUAN J. Service Architecture and Modularity [J]. Decision Sciences, 2009, 40 (3): 541 – 569.

[138] WESTERGREN U H, HOLMSTRÖM J. Exploring Preconditions for Open Innovation: Value Networks in Industrial Firms [J]. Information and Organization, 2012, 22 (4): 209 – 226.

[139] WEST J, BOGERS M. Leveraging External Sources of Innovation: A Review of Research on Open Innovation [J]. Journal of Product Inno-

vation Management, Forthcoming, 2013.

[140] WEST J, SALTER A, VANHAVERBEKE W, et al. Open Innovation: The Next Decade [J]. Research Policy, 2014, 43 (5): 805 – 811.

[141] WREDE S, BEYER O, DREYER C, et al. Vertical Integration and Service Orchestration for Modular Production Systems Using Business Process Models [J]. Procedia Technology, 2016 (26): 259 – 266.

[142] WU J, WANG Y, LI S. Search Depth, Knowledge Characteristics, and Innovation Performance [J]. Journal of Chinese Management, 2014, 1 (1): 1 – 15.

[143] ZAINOL N R B, AL – MAMUN A, PERMARUPAN P Y. Overview of Malaysian Modularity Manufacturing Practices [J]. American Journal of Industrial and Business Management, 2013, 3 (7): 601 – 609.

后　　记

　　对服务模块化水平和创新绩效的理论研究，始于 2009 年攻读博士学位阶段。当时，以"基于价值链的服务模块化价值创造机理研究"为题，着手博士学位论文撰写。在中国管理学 50 人、导师吴照云教授的指导下，获得博士学位，学位论文也被评为江西省优秀博士论文。其间，与导师合作撰写的两篇论文《用服务科学解析价值链》《价值创造视域下民航业服务模块化运行——基于探索性案例分析的视角》先后在国内权威期刊《中国工业经济》上刊发。导师的无私前沿指引与倾情用心指教为后来的科学研究奠定了厚实根基。2013 年，以"服务模块化价值网治理机制对价值创造的影响机理研究——以江西农产品加工业为例"为题申报国家自然科学基金项目，有幸成功获批，这成为本人科研工作的第一个高尚的荣耀。为此，围绕研究主题进行了大量集中的探讨，相关论文先后在《中国科技论技》《江西财经大学学报》《江西社会科学》等国内知名期刊发表，并在经济管理出版社出版学术专著《服务模块化价值网治理机制对价值创造的影响机理研究》一部，该书获得江西省社会科学优秀成果三等奖，项目也顺利结题。2019 年，以"服务业服务模块化水平对开放式创新绩效影响机理"为题再次申报国家自然科学基金项目，第二次获得基金委的资助，科研工作迈上新台阶。纸上得来终觉浅，绝知此事要躬行。为了加深对服务模块化水平和开放式创新绩效问题的认识，采取质化分析与量化分析相结合的方式，对服务业进行了广泛、深入的调研，对文献资料进行了全面系统梳理。几载过后，集腋成裘，遂与校友、同事黎智商定，共编此书。

感谢国家自然科学资金委的资助和学校科技处的支持！感谢硕士生索楠楠和徐书凝的参与研究！感谢经济科学出版社的李雪老师！

余长春
农历癸卯年五月一日
于南昌航空大学行政楼